DU

TRÉSOR PUBLIC

SES OBLIGATIONS ET SES DROITS

A ROME

ET EN FRANCE SOUS LA LÉGISLATION ACTUELLE

PAR

Achille SAINT-PAUL

DOCTEUR EN DROIT
LICENCIÉ ÈS LETTRES
ATTACHÉ AU CABINET DU MINISTRE DES FINANCES

———

PARIS

GUILLAUMIN ET Cⁱᵉ, LIBRAIRES

Éditeurs du *Journal des Économistes*, de la *Collection des principaux Économistes*, du *Dictionnaire de l'Économie politique*, etc.

RUE RICHELIEU, 14

—

1875

DU
TRÉSOR PUBLIC

SES OBLIGATIONS ET SES DROITS

A ROME
ET EN FRANCE SOUS LA LÉGISLATION ACTUELLE

PAR

Achille SAINT-PAUL

DOCTEUR EN DROIT
LICENCIÉ ÈS LETTRES
ATTACHÉ AU CABINET DU MINISTRE DES FINANCES

PARIS

GUILLAUMIN ET Cⁱᵉ, LIBRAIRES

Éditeurs du *Journal des Économistes*, de la *Collection des principaux Économistes*, du *Dictionnaire de l'Économie politique*, etc.
RUE RICHELIEU, 14

1875

A Monsieur

GUSTAVE BÉDARRIDES

PREMIER AVOCAT GÉNÉRAL A LA COUR DE CASSATION

CHAPITRE PREMIER

PRINCIPALES SOURCES DES DÉPENSES PUBLIQUES

A ROME.

A l'origine, quand l'empire de Rome ne dépassait pas encore les étroites limites du Latium, les dépenses de l'État étaient modestes, comme ses besoins. Mais peu à peu, à mesure que Rome s'étendit par ses victoires, il fallut satisfaire aux exigences d'une civilisation devenue plus raffinée et pourvoir en même temps aux nombreux services d'une vaste administration. Vespasien, à son avénement à l'empire[1], évaluait les dépenses annuelles de l'État à plus de sept milliards de notre monnaie[2]. Ce chiffre paraît sans doute exorbitant; il n'est cependant pas disproportionné avec d'autres sommes analogues citées par des auteurs an-

1. 69 ans après J.-C.
2. Adam : *Dict. des antiquités romaines*, traduit de l'anglais; *Manière de compter la monnaie.*

ciens. Si l'on considère l'étendue de l'empire romain à cette époque et les charges considérables que devait imposer l'administration d'un aussi grand État, on sera moins étonné de cet énorme budget. L'empire romain avait, au temps de Vespasien, une étendue à peu près dix fois plus grande que la France, et il tenait sous sa domination tous les peuples riches et civilisés du monde connu[1].

Il s'en fallait qu'aux premiers siècles de Rome, les dépenses publiques fussent aussi élevées. Elles ne comprenaient guère, au temps de la République, que *l'armée, les travaux publics, les frais du culte* et *l'administration.* Encore étaient-elles bien modiques si on les compare à ce qu'elles devinrent par la suite. On s'en fera facilement une idée en suivant chacune d'elles à travers ses développements.

I. On sait l'importance qu'avait *l'armée* dans les institutions du peuple romain. Rome fut fondée par la conquête. C'est par la guerre qu'elle grandit et qu'elle finit par dominer le monde connu. Cependant, à l'origine, les dépenses militaires étaient presque insignifiantes. Servius Tullius n'a-

---

1. Si l'on divise l'empire romain en dix parties, le budget ne sera plus que de sept cent millions *pour chacune de ces parties,* d'une étendue à peu près égale à celle de la France ; le chiffre énorme que nous citions plus haut se trouve ainsi ramené à une proportion vraisemblable.

vait assujetti au service militaire que les *assidui,*
c'est-à-dire les citoyens qui payaient l'impôt. Les
prolétaires n'étaient bons qu'à donner des enfants
à la République. Mais en ne prenant ainsi que
ceux qui possédaient quelque bien, il leur impo-
sait en même temps l'obligation de s'équiper à
leurs frais et de se nourrir en campagne. Seuls les
equites ou *chevaliers,* en raison des charges spéciales de leur service, recevaient une certaine rémunération : on leur donnait d'abord, à leur entrée
dans le corps, une somme de mille as pour l'a-
chat d'un cheval; c'était ce qu'on appelait l'*æs
equestre;* mais peut-être n'était-ce là qu'une simple avance, qu'ils étaient obligés de restituer en
sortant de service[1]. En outre, ils recevaient une
paye annuelle de deux cents as (*æs hordiarium*)
pour l'entretien du cheval. C'était à peu près là
tout ce que Rome dépensait pour son armée.

La solde ne fut introduite régulièrement que
sous Camille, c'est-à-dire quatre cent six ans
avant J.-C. Au temps de Polybe (200 ans avant
J.-C.) la solde du fantassin était de cinq as ou
d'un tiers de denier par jour[2]. Jules César la
porta à dix as. Domitien l'éleva à treize as un
tiers par jour ou vingt-cinq deniers par mois. La
solde fut ainsi de soixante-dix centimes sous

1. Becker-Marquardt (en allemand) : *Manuel d'ant. romaines,* II, 1, 284.
2. Willems : *Droit public romain,* 1874, p. 382.

César et de quatre-vingt-trois centimes sous Domitien. Le cavalier avait le triple ou le quadruple. Septime Sévère augmenta la paye sans qu'on puisse déterminer le taux auquel elle fut élevée. Dion se contente de dire qu'il en résulta chaque année un accroissement de dépense de un milliard six cent millions de sesterces, ou trois cent dix millions quatre cent mille francs[1].

Sur cette solde on faisait, dans les premiers temps du moins, une retenue pour les fournitures que l'État livrait aux soldats en habillements, armes et vivres. Mais il semble qu'on ait renoncé à ce prélèvement dès le règne d'Alexandre Sévère et habillé, armé et nourri le soldat sans aucune rétribution[2].

Outre la solde, on accordait souvent aux troupes des gratifications extraordinaires ; c'était ce qu'on appelait le *donativum ;* elles servaient à ranimer le zèle des soldats à l'occasion de chaque fête publique ou au moment du danger. Octave, dans les champs de Philippes, avait promis cinq mille drachmes par tête à tous les soldats romains, et il y avait vingt-huit légions. Cent soixante-dix mille hommes reçurent donc chacun environ trois mille neuf cent vingt francs[3]. On pourrait multiplier les exemples de pareilles prodigalités[4].

1. M. Bouchard : *Étude sur l'administration des finances de l'empire romain,* ch. V.
2. Lampride : *Vie d'Alexandre Sévère.*
3. Naudet : *Admin. rom.* 1re partie, note 3.
4 V. Gibbon, 1er vol., p. 880. Panth. litt.

Les officiers de l'armée, ainsi que les grands maîtres de la milice, recevaient, au temps de Constantin (306-337 après J.-C.), des émoluments considérables, qui consistaient partie en argent, partie en prestations de diverses denrées, d'ustensiles, d'habits et d'esclaves[1]. Ce traitement, du reste, n'était pas uniforme pour tous les officiers du même grade; il variait suivant les personnages et suivant le degré de faveur dont ils jouissaient auprès du prince.

Ces divers éléments composaient la rémunération des troupes. On peut juger de ce que devait être la dépense d'une armée qui fut, dans les derniers temps de l'existence de Rome, de six cent quarante-cinq mille hommes[2]. Encore faut-il joindre à cette source d'énormes dépenses, la paye des alliés en campagne, les flottes, l'entretien du matériel de la guerre et de la marine.

II. Au temps de Polybe, c'est-à-dire deux cents ans avant J.-C., les *travaux publics* étaient la plus grande source des dépenses de l'État. Les débris que l'on admire encore en Italie et dans les diverses provinces qui composaient l'Empire, attestent du goût que Rome eut dans tous les temps pour les monuments grandioses. On peut croire qu'aux temps les plus austères de la République les vieux Romains aimaient déjà à s'entou-

1. V. Bouchard, ch. V.
2. Gibbon, 1er vol., p. 374.

rer d'édifices glorieux destinés à grandir le prestige de leur patrie. Mais ce fut surtout sous l'Empire qu'on vit s'élever ces monuments étonnants et ces larges voies qui ralliaient Rome aux points les plus reculés de son territoire. Chaque empereur voulut laisser la trace de son passage : des aqueducs allèrent chercher au loin l'eau qui fécondait le pays, alimentait les bains et fournissait à tous les usages domestiques; des ponts étaient jetés sur les fleuves les plus impétueux. Les villes s'embellissaient de palais, de temples, de cirques, d'arcs de triomphe; à Rome surtout s'étaient accumulés des édifices somptueux. Aussi la construction, la surveillance et l'entretien des ouvrages publics formaient-ils un des services les plus importants de l'administration romaine.

III. Pour couvrir les *frais du culte*, l'État dotait les colléges de prêtres d'une partie des terres du domaine public[1]. Il leur fournissait en outre un personnel de service, composé en partie d'esclaves, en partie d'hommes libres salariés par l'État; c'étaient des licteurs, des sacrificateurs de victimes, des musiciens, des scribes, etc.[2].

Ces dotations étaient suffisantes pour couvrir les frais ordinaires; mais le Trésor public se chargeait, en outre, de pourvoir aux dépenses des

1. Willems : *Droit public romain*, p. 202.
2. Marquardt, IV, 173-177.

jeux publics qui avaient un caractère religieux, aux sacrifices extraordinaires, à la réparation et à la construction des temples.

Toutefois, les fonctions sacerdotales n'étaient pas rémunérées. Elles étaient même l'occasion de charges ruineuses. Seules les vestales recevaient l'*annone* du fisc. On entendait par là des distributions de denrées et autres produits en nature faites aux frais de l'État. Elles étaient également soignées, en cas de maladie, aux frais du Trésor, qui accordait une allocation aux médecins spéciaux attachés à leur service[1].

— Lorsque la religion chrétienne se fut substituée au paganisme, ce ne fut plus i'État qui paya les frais du culte. L'Église dut faire face à ses besoins avec ses propres ressources. Au début, les offrandes volontaires des fidèles constituèrent toute sa fortune. Plus tard, les empereurs augmentèrent les revenus ecclésiastiques par des dons ou des subventions; ils accordaient, dans certaines circonstances, des secours en argent pour l'entretien du clergé ou la construction des églises. Mais ce n'était qu'accidentellement qu'ils engageaient ainsi le Trésor public[2], et le culte chrétien ne fut jamais pour l'État une charge normale et régulière.

1. Bouchard, chap. IX.
2. *Ibid.*

IV. Les frais d'*administration* se bornaient, au temps de la République, à quelques dépenses de peu d'importance. C'étaient les frais de bureau des magistrats, le salaire des employés subalternes et les sommes allouées annuellement aux gouverneurs de provinces, non point pour les rémunérer de leurs services, mais pour les indemniser seulement de leurs frais de voyages et d'établissement, en même temps que pour leur permettre d'entretenir sur un pied convenable le personnel de leur suite.

— La centralisation administrative introduite par l'Empire augmenta considérablement cette partie du budget. Des salaires élevés, différents selon le rang, furent accordés à tous les gouverneurs de provinces et à leurs subalternes, aux nombreux fonctionnaires du département des finances, aux membres du conseil privé du prince et au personnel des officiers du palais impérial qui se composait surtout d'affranchis[1].

En même temps, l'Empire introduisait de nouvelles branches d'administration.

C'étaient d'abord les *Postes* ou *cursus publicus* organisées par Auguste et perfectionnées dans les siècles suivants. La *Poste* ne devait servir qu'au transport des dépêches officielles et des personnes qui voyageaient en mission. Pour faciliter ce service il y avait sur toutes les routes de l'Empire, à

---

1. Tacite, Hist. I, 58 ; Agricola, 40.

des distances déterminées, des stations de poste de deux espèces : de simples relais ou *mutationes* et des hôtelleries ou *mansiones* qui pouvaient recevoir et loger les voyageurs. Ces stations étaient primitivement aux frais des localités où elles étaient situées. Dès le deuxième siècle après J.-C., elles furent à la charge du Trésor impérial. Par exception, les particuliers pouvaient se servir de la poste de l'État ; mais il fallait pour cela une autorisation spéciale du gouverneur, plus tard de l'empereur lui-même.

L'*instruction publique* fut organisée et rémunérée par les empereurs. Vespasien accorda le premier un traitement officiel à des professeurs de rhétorique grecque et latine à Rome. Adrien y créa des écoles publiques et une institution pour des études supérieures de poésie, de rhétorique et de philosophie.

Non-seulement les professeurs des écoles publiques étaient salariés, mais ils jouissaient, de même que les médecins, de nombreuses immunités.

— Toutes les innovations de l'Empire ne furent pas aussi heureuses. La décadence des mœurs et la corruption qui régnait à la Cour créèrent au Trésor des charges bien différentes et bien autrement lourdes. A côté des fonctionnaires qui jouaient

---

1. V., sur les postes, Marquardt-Mommsen (en allemand), IV, 417-480 ; Walter, § 362 ; Hudemann, *Hist. de l'admin. des Postes dans l'emp. romain* (en all.).

un rôle sérieux dans l'État, on vit la Cour impériale se peupler d'une foule de parasites, gens de toutes mœurs et de toute condition, que le caprice de l'empereur appelait seul auprès de lui. Le nombre variait suivant les goûts du prince. On peut voir dans Lampride[1] quelle était la proportion de ce personnel irrégulier sous les règnes de Commode et d'Héliogabale. Alexandre Sévère, en arrivant au trône, procéda, il est vrai, à une réforme complète. Il supprima les nains, les naines, les bouffons, les chanteurs, les mignons, les joueurs d'instruments et de pantomimes, partagea les eunuques entre ses amis et fit vendre les courtisanes dont le nombre était infini, suivant l'historien. Mais la vie modeste d'Alexandre Sévère est un fait unique dans la vie des empereurs romains, et son exemple n'empêcha pas ses successeurs de se livrer de nouveau aux plus folles prodigalités.

Après les dépenses du personnel, les principales dépenses de la maison de l'empereur étaient celles du mobilier, de la garde-robe, de la table, des équipages; les frais de déplacement, l'habillement et l'équipement de la maison civile et militaire[2]. La dépense de la table fut sous quelques règnes la plus lourde charge de l'Empire. D'après Gibbon, Vitellius dépensa pour ce seul objet cent trente millions pendant environ sept mois. Un seul repas

1. Vie d'Alex. Sévère.
2. Bouchard, ch. Ier.

qui ne réunissait que douze convives coûta à Commode six millions de sesterces. Il est vrai qu'il distribua à ses hôtes les esclaves qui les avaient servis et les objets de luxe qui avaient fait l'ornement du festin. Suivant Lampride, chacun des soupers d'Héliogabale ne coûtait pas moins de trente livres d'argent et montait parfois à neuf cents livres. La valeur de la livre romaine étant, d'après des évaluations récentes, de soixante-douze francs quarante-quatre centimes, la dépense des soupers d'Héliogabale variait entre deux mille cent soixante-treize francs vingt centimes et soixante-cinq mille cent quatre-vingt-seize francs.

Ces quelques exemples suffisent à faire apprécier la place que le service personnel de l'empereur pouvait tenir dans le budget de l'Empire[1].

V. Les dépenses de l'*annone* et des *Jeux publics* (*panis et circenses*) furent, avec celles du palais, des travaux d'utilité générale et de l'armée, les principales charges du Trésor romain au temps de l'Empire.

1. Il n'est pas sans intérêt de rapprocher de ces chiffres les sommes que dépense actuellement le Sultan pour sa maison. M. R. Yorke, dans un discours prononcé récemment à la Chambre des Communes (séance du 18 juin 1878), relève les faits suivants : La liste civile du Sultan s'élève officiellement à 1 200 000 liv. st., soit 30 millions de francs; mais il trouve moyen de la faire monter à 2 000 000 liv. st., c'est-à-dire à 50 millions. Le repas quotidien du Sultan, qui dîne toujours seul, comprend 94 plats; dix autres repas

Dans un sens général, l'annone comprenait toutes les denrées et subsistances payées aux frais du Trésor public soit pour alimenter la population de Rome, soit pour approvisionner l'armée, soit pour servir d'émoluments en nature aux fonctionnaires publics[1]. Plus spécialement on entendait par là les denrées distribuées au peuple de Rome.

L'accroissement continuel de la population de la ville et la diminution constante de la culture du blé en Italie imposèrent de bonne heure à l'État, pour prévenir les disettes et les fluctuations excessives dans le prix du blé, l'obligation de se pourvoir lui-même de blé en province et de le vendre à Rome à un prix égal et modéré. Tant que le prix de vente ne fut pas inférieur au prix du marché, il n'en résulta aucune charge pour le Trésor. Mais, dès l'année 123 avant J.-C., une *lex frumentaria* de C. Gracchus ordonna des distributions mensuelles aux citoyens à un prix extrémement modique, inférieur environ de moitié au prix du marché[2]. Plus tard, 58 ans avant

sont toujours préparés à la même heure pour lui permettre de satisfaire chacun de ses caprices. Il possède 800 chevaux, 700 femmes, que servent et surveillent 350 eunuques. Pour nourrir l'immense personnel de sa maison, on tue par année 40 000 bœufs, et les officiers de bouche sont tenus de fournir chaque jour 200 moutons, 100 agneaux, 10 veaux, 200 poules, 200 paires de poulets, 100 paires de pigeons et 80 oies.

1. Bouchard, ch. VII.
2. Walter, § 294, n° 27 ; Marquardt, III, 2, 93, n° 442.

J.-C., une *lex frumentaria Clodia* remplaça le prix réduit par la gratuité[1]. Tous les citoyens romains domiciliés à Rome eurent droit à ces distributions; leur nombre était de trois cent vingt mille avant Jules César; il fut réduit par lui à cent cinquante mille et reporté à deux cent mille sous Auguste. Les quantités distribuées par ce prince représentaient, d'après M. Dureau de la Malle, une dépense annuelle de vingt-quatre millions trois cent mille francs[2].

Les distributions mensuelles et gratuites de blé durèrent sous l'Empire jusqu'à ce que, vers l'époque d'Aurélien (270 apr. J.-C.), elles furent remplacées par des distributions journalières de pain[3].

En outre, à l'occasion de certaines réjouissances publiques, l'Empire introduisit la coutume de faire des distributions extraordinaires au peuple, soit d'argent, soit de blé ou d'huile; ces distributions avaient lieu tantôt à prix réduit, tantôt gratuitement. Septime Sévère (193-211) introduisit des distributions gratuites et journalières d'huile[4].

—Ce qu'on dépensa à Rome à l'époque de la décadence pour amuser le peuple est prodigieux.

1. Willems, p. 355.
2. Dureau de la Malle : *Économie polit. des Romains*, liv. III, chap. XXI ; liv. IV, chap. XII.
3. Willems, p. 356.
4. *Ibid.*, p. 357.

Caracalla dissipa, en trois jours, le trésor amassé par son père pendant dix-huit ans [1]. Il faut remarquer toutefois que les dépenses des spectacles et des jeux n'affectaient pas directement le Trésor public ; elles étaient en principe à la charge des cités ; le Trésor n'intervenait que lorsque les ressources des magistrats étaient insuffisantes, ou que l'empereur donnait lui-même des fêtes extraordinaires [2]. Mais il n'est question ici que des réjouissances sans caractère religieux ; celles qui se rattachaient à la pratique du culte païen étaient payées, nous l'avons vu, aux frais de l'État.

VI. *L'alimentatio* désignait le service des *enfants assistés*. Cette institution n'existait pas au temps de la République ; mais lorsque la décadence des mœurs, le célibat et la stérilité des mariages eurent amené une diminution progressive dans le nombre des citoyens, on rechercha divers moyens de remettre le mariage en honneur. Déjà, sous Auguste, les lois Julia et Pappia Poppœa frappaient les célibataires de certaines déchéances et accordaient des priviléges aux parents de trois enfants légitimes au moins. Les successeurs d'Auguste cherchèrent, dans le même but, d'autres expédients. L'empereur Nerva (96-98) créa des fonds spéciaux dans les villes d'Italie pour la nourriture

1. Naudet : *Admin. romaine*, 1re partie, note 3.
2. Bouchard, ch. VII.

des enfants pauvres. Trajan (98-117) admit à Rome cinq mille enfants ingénus aux distributions gratuites de blé ; en outre, il fit de grandes fondations qui s'étendaient sur toute l'Italie et servaient à nourrir dans les différentes communes un nombre déterminé de garçons et de filles, de naissance ingénue, depuis l'âge de neuf ans jusqu'à dix-huit ans pour les garçons, quatorze ans pour les filles [1].

— La charité publique assurait aussi aux malades les secours de la médecine. Il y avait à Rome, sous Constantin, quatorze médecins en chef chargés de veiller à la santé publique de chaque quartier, et de donner des soins aux pauvres. D'autres médecins publics étaient attachés aux gymnases où s'exerçaient les athlètes. Nous savons aussi que des médecins spéciaux étaient chargés de soigner les vestales. Ils recevaient un traitement de l'État et jouissaient en outre de certaines immunités [2].

VII. Enfin, et pour terminer cette étude rapide, il faut mentionner aussi les dépenses extraordinaires : c'étaient les récompenses nationales accordées aux citoyens illustres ou à leur famille, l'envoi d'ambassades romaines à des peuples étrangers et la réception des ambassadeurs des

---

1. Willems, p. 387.
2. Bouchard, chap. IX, p. 196; God. Code Theod., liv. XIII, tit. III.

nations amies. Ils étaient logés et entrete nus aux frais de l'État[1].

CHAPITRE DEUXIÈME

PRINCIPALES RESSOURCES DU TRÉSOR ROMAIN.

§ 1er. — *Période républicaine.*

Les revenus qui alimentaient le Trésor public et qui permettaient de soutenir les charges de l'État provenaient, sous la République comme sous l'Empire, de deux sources principales :

1° *Le domaine;*

2° *Les impôts.*

Durant la première période, les biens du domaine furent pour l'État la source la plus considérable de ses revenus[2]. Ils provenaient de la conquête ou de l'abandon volontaire qu'une cité faisait quelquefois de son territoire pour obtenir l'appui de Rome. Voici comment l'on divisait les terres conquises :

Une partie était laissée au peuple vaincu ;

1. Tite-Live, XLV, 44; XXVIII, 39; XXX, 17.
2. Dureau de la Malle.

c'étaient en général les deux tiers du territoire en Italie[1]; dans les provinces Rome se bornait à prendre les anciens domaines royaux[2] et le territoire des cités qu'on n'avait pu réduire que par la force des armes. Sur la portion retenue, on faisait deux parts; la première était destinée aux citoyens romains; on la divisait en lots que le questeur était chargé de vendre, à moins qu'une loi agraire n'en fît une distribution gratuite à la plèbe de Rome; la seconde entrait définitivement dans le patrimoine particulier du fisc ou du peuple; c'était le domaine proprement dit, *agri publici.*

Les conquêtes successives de Rome accrurent singulièrement son domaine. Dans les temps prospères, c'était lui qui faisait face à presque toutes les dépenses de l'État. Dans les besoins pressants il était, par les aliénations partielles qu'on en pouvait faire, une ressource toujours assurée[3].

Rome tirait le plus habile parti des terres de son domaine; le mode d'exploitation variait sui-

1. Tite Live, I, 38; II, 25, etc.; Denys, II, 35, 50.

2. Tite Live, XXV, 28.

3. Un passage célèbre de Cicéron nous donne une idée de l'importance du domaine de la République au point de vue des ressources qu'on en tirait. Comme Rullus proposait d'aliéner une partie du domaine : « Quoi, dit-il, la principale source de vos revenus, l'ornement de la paix, le soutien de la guerre, le grenier d'abondance de nos légions, la ressource dans la disette, en un mot le plus riche fonds du peuple romain, le laisserez-vous s'en aller en lambeaux? » (*Agrar. contra Rull.*)

vant la nature des produits que la terre était susceptible de fournir :

Les *champs cultivés* et les *terres arables* étaient
ordinairement mis en location. Des affiches annon-
çaient à l'avance le jour de l'adjudication ; les conditions en étaient réglées par une *lex censoria* ; elle
avait lieu sous la présidence d'un *censeur*. Les terres
ainsi louées reçoivent, chez les auteurs, différentes
dénominations ; c'est tantôt l'*ager censorius*, nom
qui rappelle et le magistrat chargé de procéder à
l'adjudication et la loi qui en fixe les conditions ;
ou bien c'est l'*ager vectigalis*, ainsi nommé à cause
du *vectigal*, ou revenu en nature, que le fermier
payait au fisc ; *vectigal* vient, dit Varron, *a
vehendo*, parce que le locataire était tenu de
transporter lui-même les denrées, prix de son
fermage, à un lieu déterminé d'avance. D'ailleurs,
les *agri vectigales* ne désignent pas seulement les
terres du domaine qui sont affermées, mais toute
terre qui paye une redevance en nature au fisc.

Les *prairies* et les *bois* n'étaient pas traités de
la même manière. Il est probable qu'ils étaient
mis en régie comme le sont en France les bois de
l'État[1]. Ils servaient en outre à la pâture des
troupeaux moyennant une redevance qu'on payait
au fisc. Ce droit de pacage était loué par les censeurs ; on l'appelait *scriptura* ou *capitatio*, parce

---

1. Dureau de la Malle : *Écon. polit. des Romains*, 2ᵉ vol.,
p. 413.

qu'il se payait à raison de chaque tête de bétail. C'était, suivant M. Dureau de la Malle, le plus considérable en même temps que le plus ancien des revenus de la République. Ce n'étaient pas seulement les pâturages qu'on louait ainsi, les forêts mêmes et les saussaies étaient livrées à la dent des troupeaux. Cicéron mentionne la forêt de Scantia et de Sila, et les bois de Minturnes. C'est à cette cause éloignée qu'il faut remonter pour expliquer l'aspect dénudé que présentent aujourd'hui les Apennins et l'influence pernicieuse que la disparition des forêts sur les hauteurs exerce depuis plus de deux mille ans sur l'état hygrométrique de l'Italie.

Enfin les *terres vagues, incultes* ou *en friche* étaient livrées à l'*occupatio* des citoyens, d'après certaines règles édictées sans doute par un édit du magistrat. Le fisc restait propriétaire de ces terrains et exigeait des occupants, comme prix de sa concession, le dixième des moissons et le cinquième du produit des arbres [1] C'est à cette occupation de l'*ager publicus* et à l'empiétement excessif des patriciens sur ces terres du domaine que se rattache l'histoire des agitations agraires qui, au temps de la République, troublèrent si fréquemment et si profondément l'État romain.

C'étaient là les moyens ordinaires d'exploiter les terres du domaine. Dans les temps de crise

---

1. Appien : *Guerres civiles*, liv. ı, ch. II.

on recourait à la vente; parfois aussi on employait, pour se créer des ressources extraordinaires, des expédients moins équitables; ainsi, on confisquait des terres qu'on revendait aussitôt. Sans respect pour une occupation séculaire, malgré les dépenses que plusieurs générations avaient pu faire sur le sol, l'État s'emparait arbitrairement des terres pour les revendre, et l'on pouvait assister au lamentable spectacle d'un propriétaire rachetant à prix d'or le bien que le fisc lui arrachait. Si l'on considère qu'à Rome toute propriété émanait de l'État, on comprend dans une certaine mesure que, par une logique impitoyable, l'État ait cru pouvoir reprendre arbitrairement ce qu'il n'avait fait que concéder.

— Les impôts étaient la seconde source de revenus de la République. De bonne heure, les Romains ont connu l'impôt; il apparaît dès Servius Tullius avec l'institution du cens: mais on ne s'en faisait point à Rome l'idée que nous nous en faisons aujourd'hui. Ce n'était point, aux yeux des vieux Romains, un salaire légitime des services rendus par l'État aux particuliers. Cette idée abstraite et compliquée n'est pas faite pour la rudesse d'un peuple jeune; ils y voyaient simplement la conséquence et le signe d'un droit supérieur retenu par l'État, une sorte de prélèvement que l'État propriétaire exerçait sur une jouissance dont il avait bien voulu se dessaisir.

Il ne faut pas oublier, en effet, qu'à l'origine de

Rome il n'y a pas de propriété privée; toute propriété émane de l'État, parce que toute propriété émane de la conquête, qui est l'œuvre commune. Il fallut les partages successifs de terres faits par Romulus entre les trois tribus[1] et par Numa entre tous les citoyens pour fonder la propriété individuelle. Encore fut-elle limitée à ce qu'on appelait l'*ager romanus*, c'est-à-dire au territoire situé immédiatement autour de Rome; elle ne s'étendit aux terres nouvelles qui vinrent s'y adjoindre que beaucoup plus tard, à l'époque de la guerre sociale.

De ce point de vue, on s'explique facilement les vicissitudes de l'impôt foncier à Rome et en Italie. Il ne pesa sans doute jamais sur l'*ager romanus*, puisque, dès les premiers siècles, Rome se dessaisit de tout droit sur cette portion du territoire[2]. En Italie, au contraire, où Rome a retenu le dominium des terres qu'elle a concédées, l'impôt en est la conséquence naturelle. Mais du jour où, renonçant à son droit éminent sur les fonds italiques, elle les aura assimilés à l'*ager romanus*, l'impôt manquerait de fondement et n'aurait plus de raison d'être; il ne serait plus qu'une spoliation, car la terre, affranchie, a cessé de relever de son ancien maître. Cette transformation du sol eut lieu après la guerre sociale[3]; tous les Italiens

---

1. Varron; *De langua latina*, V, 55.
2. Accarias; *Cours de droit Romain*, p. 448, note 1.
3. L'an 663-65 de Rome; 90-88 av. J. C.

obtinrent le droit de cité ; toutes les terres furent susceptibles de dominium privé. A partir de ce moment, l'Italie n'eut plus à payer l'impôt du sol. On a remarqué, il est vrai, que dès avant cette époque une grande partie des fonds italiques[1] en étaient affranchis. Mais, ce qui n'était jusque-là qu'une faveur due à la libéralité du peuple romain et à l'état prospère de ses finances, devint un droit absolu après la concession du dominium quiritaire à toute l'Italie.

C'est encore cette conception particulière de l'impôt qui explique l'un des faits les plus saillants de l'histoire politique de Rome, l'infériorité prolongée où furent maintenues les provinces bien longtemps après la chute de la République. Quand rien ne justifie plus, au point de vue des intérêts privés, la distinction si tranchée que Rome maintient entre les fonds provinciaux et les fonds italiques ; quand le préteur arrive, par des expédients, à rendre la terre provinciale susceptible de toutes les transactions qu'elle peut recevoir en Italie, comment comprendre que Rome se refuse encore à les assimiler, autrement qu'en l'expliquant par une considération fiscale ? En assimilant les terres provinciales aux terres italiques, comme elle avait assimilé celles-ci à l'*ager romanus*, Rome

1. Tous ceux qui étaient possédés par des citoyens romains ont été affranchis depuis la conquête de la Macédoine par Paul-Émile, l'an 585 de Rome, 168 ans avant J.-C. (Accarias, *C. de Droit Romain*).

aurait renoncé par là au droit supérieur qui représentait pour elle le droit à l'impôt et supprimé du même coup une partie considérable de ses revenus.

— A l'origine, l'impôt se confondait encore dans un prélèvement général sur la richesse. Jusqu'à Servius Tullius, il était égal pour tous et se payait par tête. En instituant le cens, Servius Tullius le proportionna à la fortune individuelle. Il ne frappait encore que l'ensemble de la fortune; mais comme la terre constituait, en définitive, la portion la plus importante de la richesse, c'est elle qui payait la plus forte part de l'impôt.

L'impôt était assis sur le cens, cette institution admirable, due au génie inventif des Grecs, peut-être des Égyptiens, et introduite à Rome par Servius Tullius. Le cens contenait à la fois l'état civil des personnes et le cadastre des propriétés. On se faisait ainsi une idée exacte des ressources de chaque contrée en hommes, en produits de toute nature et en argent. Un fragment de l'ouvrage à jamais regrettable d'Ulpien, sur le *cens*, nous donne, dans un tableau plein de précision, une description exacte des tables du censeur, de leur contenu et de l'art avec lequel elles fournissaient toutes les indications relatives tant aux personnes qu'aux terres.

Après la guerre sociale, l'impôt foncier pesa uniquement sur les provinces, à l'exception de celles qui avaient reçu le *jus italicum*. Il se présente dans les provinces avec une grande variété; on tient compte des habitudes, du degré de fertilité de chaque contrée. En résumé, il se paye tantôt en nature, et alors il est du cinquième ou du septième du produit; tantôt en argent; la somme est alors fixée d'après la valeur estimative du fonds. Le tribut en argent ou *stipendiarum* est employé à solder les légions; quant à la *dîme* du blé et des autres produits de la terre (*decuma*), elle sert à la nourriture soit de Rome, soit des armées.

— Nous n'insisterons pas longuement sur les autres impôts de cette première période. Véritables impôts indirects, on les voit, dès les premiers siècles de Rome, se présenter avec les grandes divisions que la plupart des États modernes ont adoptées :

Les uns portent sur certaines denrées et sur certains produits. C'est l'impôt sur le sel, établi l'an 548 de Rome par le tribun Livius, surnommé pour cette raison *Salinator*. Libre sous les rois, la vente du sel devint sous la République un monopole du fisc[1]. C'est encore la taxe mise sur la vente des esclaves, véritable denrée humaine aux premiers siècles de Rome. Elle fut établie environ un siècle après la chute des rois. C'est enfin le

---

1. M. Dureau de la Malle remarque que le mot *salaire* (*salarium*), terme par lequel on désignait le traitement des magistrats, provient des distributions de *sel* qui leur étaient faites par la République, et qui faisaient partie de leurs émoluments.

droit qui frappe les produits des mines et des carrières.

Les autres correspondent à nos douanes modernes. Ce sont les *portaria* ou impôts sur le transport des marchandises. Ils datent du premier jour où Rome posséda un port, c'est-à-dire du règne d'Ancus Martius, quatrième roi de Rome, qui s'empara d'Ostie. Ils prirent avec le temps un grand développement et devinrent une des sources les plus abondantes du fisc à mesure que Rome, étendant son territoire, dut étendre aussi ses relations commerciales. Mais il ne vint jamais à l'esprit des Romains d'en faire un moyen de protection pour l'industrie nationale.

Il existait cependant quelques impôts dont l'objet n'était pas purement fiscal. On peut citer, par exemple, l'*uxorium* et le *viduvium*, sortes de pénalités d'origine fort ancienne, établies surtout dans l'intérêt du mariage. Le premier de ces droits frappait les célibataires et le second les veuves. Toutefois, le Trésor dut y trouver son compte lorsque les mœurs, se relâchant de plus en plus, éloignèrent davantage du mariage au profit d'unions moins honorables.

§ 2. — *Période impériale.*

Sous l'Empire, on voit s'organiser définitivement un grand système d'impôts, système très-perfectionné, dû aux efforts patients de plusieurs siècles. Il ne se montre dans tous ses détails que dans la seconde période de l'Empire ; mais quelques fragments du Digeste en font déjà apercevoir les premières traces. Voici, en peu de mots, les résultats auxquels les travaux modernes sont arrivés :

L'impôt direct est double : il comprend l'*humana capitatio* ou impôt personnel, et la *terrena capitatio* ou impôt foncier.

Appliqué à l'impôt foncier, le mot capitatio désigne la nouvelle unité parcellaire, ou *caput*, qui depuis Dioclétien (284-305) sert de base à l'impôt foncier ; le caput représente une valeur foncière de mille sous d'or ; on l'appelle aussi pour cette raison *millena*. Cette unité ne représente plus des superficies de terrains d'une étendue toujours fixe et uniforme, mais des quantités de terres diverses en étendue, égales en valeur, et qui, par conséquent, doivent toutes donner un même chiffre de revenus.

Ce système ingénieux présentait le double avantage de l'impôt de quotité et de l'impôt de répartition ; un édit impérial ou *indictio* déterminait à quelle somme chaque caput était taxé dans chaque province. Grâce à cette indictio, chaque propriétaire savait d'avance ce qu'il avait à payer. D'autre part, l'empereur, connaissant la valeur de chaque province et de tout l'Empire, pouvait déterminer d'avance le rendement de chaque année ; sous ce rapport, l'impôt foncier équivalait à un impôt de répartition.

L'impôt personnel, *humana capitatio*, frappait ceux-là seulement qui n'étaient pas soumis à l'impôt foncier : c'était un moyen de faire supporter les charges de l'État par tous ceux que l'absence de propriété foncière y aurait soustraits. La règle qui assujettissait dans le principe à la capitatio humana tous les individus qui ne payaient pas de cote foncière admit bientôt une exception en faveur du peuple des villes, *plebs urbana*. La contribution personnelle se trouva restreinte alors aux classes inférieures des campagnes. La capitatio, comme son nom l'indique, était imposée par tête. Chaque tête comprenait un ou plusieurs individus. On composait ces unités imposables en ayant soin d'écarter, indépendamment des citoyens des villes, les individus assez nombreux qui jouissaient de l'immunité. C'étaient les vierges, les veuves, les mineurs de vingt-cinq ans, les soldats et un certain nombre de professions.

Enfin, certaines classes étaient soumises à un impôt spécial qu'on pourrait comparer à notre impôt des patentes ; c'est la *collatio lustralis*, contribution quinquennale imposée à tous ceux qui tiraient profit d'une industrie.

— Aux impôts *indirects* qui existaient déjà sous la République, on peut joindre l'impôt du *vingtième sur les successions, vicesima hereditatum*, établi sous Auguste. Il frappait les successions et les legs ; c'était comme une compensation pour Rome de l'affranchissement des autres impôts. Il ne frappait pas à l'origine les pérégrins; aussi prit-il une grande extension lorsque Caracalla étendit le droit de cité à tous les étrangers.

On peut citer encore l'impôt du *vingtième sur la vente des esclaves*, et la taxe du *vingtième sur les esclaves affranchis*, lorsque l'affranchissement conférait à l'esclave, avec la liberté, le titre de citoyen romain. Ce dernier impôt, créé sous la République, ne devint un revenu ordinaire du Trésor que sous l'Empire; Caracalla, en proclamant citoyens romains tous les sujets de l'Empire, rendit universelle la taxe des affranchissements, comme le vingtième des successions [1].

Que n'a pas exploité le génie fiscal des Romains? Non-seulement ils eurent nos douanes, nos taxes sur les denrées, nos droits de mutation, ils poussèrent souvent l'invention, en matière de taxes, jusqu'aux raffinements les moins avouables; ils imposèrent le vice et la débauche, comme les matières les plus immondes. On connaît cette parole de Vespasien, qui prétendait que l'argent, de quelque source qu'il provienne, ne sent jamais mauvais.

Pour subvenir aux charges extraordinaires, l'administration romaine avait recours à des contributions additionnelles, à des confiscations arbitraires et brutales. Elle employait aussi, dans

1. M. Bouchard : *Org. financière des Romains.*

les circonstances critiques, le produit du butin pris sur l'ennemi et les trophées déposés dans les temples et dans les monuments.

Mais parmi les moyens financiers employés aux différentes époques de l'histoire de Rome, on cherche vainement un procédé dont on a fait un usage fréquent dans les temps modernes, et qui semble alors à peu près inconnu : nous voulons parler de l'emprunt. On trouve bien quelques prêts temporaires faits par des citoyens à la République, mais ils n'ont pas le caractère des grands emprunts publics usités de nos jours. C'est ainsi que le consul Fabricius (286 av. J.-C.) emprunta sur sa seule garantie pour soutenir la guerre contre les Samnites, et remboursa lui-même lorsque cette guerre fut terminée. Dans la seconde guerre punique, les dons patriotiques étant insuffisants pour les dépenses publiques, les consuls empruntèrent. Le prêt fut fait par quelques citoyens, avec stipulation que le remboursement aurait lieu en trois payements égaux, de deux ans en deux ans [1]. Les deux premiers payements furent opérés exactement aux échéances, malgré la défaite récente de Cannes qui mettait la République presque aux mains d'Annibal. Mais le Trésor n'ayant pu acquitter le troisième payement, le Sénat autorisa les consuls à céder aux créanciers, en compensation, certaines terres du domaine de valeur correspon-

---

1. Tite Live, l. ix, ch. XVI.

dante à leur créance[1]. Ces deux exemples d'emprunts temporaires sont une exception dans l'histoire financière des Romains. Les empereurs n'eurent jamais recours au crédit public qu'ils ne connaissaient pas. Lorsque survenait une guerre, un fléau, des dépenses imprévues, ils n'avaient à leur disposition que la fortune des contribuables qu'ils exploitaient largement, souvent sans aucune humanité. Aussi les populations ne voyaient-elles dans le fisc qu'un instrument d'oppression qu'elles ne se firent trop souvent aucun scrupule de tromper.

CHAPITRE TROISIÈME

ADMINISTRATION DES FINANCES ROMAINES ET PERCEPTION DES IMPOTS[2].

§ 1er. — *Période républicaine.*

Au temps de la République, la haute administration des finances compète *au Sénat*, qui fait

1. Tite Live, l. xxxi, ch. XIII.
2. Nous avons résumé sur cette matière les ouvrages allemands de Marquardt, III, II, 216-231; Walter, § 170, 188, 327-334; Willems, *passim.*

exécuter ses décisions par le ministère des *censeurs* et des *questeurs*. C'est en étudiant les attributions de chacun de ces pouvoirs qu'on peut donner une idée exacte de l'administration financière durant la première période.

— Le *Sénat* a la haute main sur les finances. C'est lui qui administre les propriétés et le Trésor de l'État romain. Il ordonne la rentrée des sommes dues à l'*ærarium* (Trésor). Aucune somme n'en peut sortir sans un mandat exprès délivré par lui. Par exception, les consuls, quand ils sont à Rome, peuvent puiser dans le Trésor sans son autorisation. C'est un privilége qui n'est accordé qu'à eux.

Le Sénat fixe et distribue les fonds nécessaires pour les expéditions militaires, les jeux publics, les sacrifices. Il alloue aux magistrats, et plus spécialement aux censeurs, des sommes déterminées pour l'entreprise des travaux publics et l'exécution de tous les services. Il modifie et casse, lorsqu'il y a lieu, les contrats d'adjudication passés par le ministère des censeurs soit pour le recouvrement des impôts, soit pour l'exécution des travaux publics[1].

— Deux *questeurs* ont la garde du Trésor public. Ils surveillent l'encaissement dans le Trésor des sommes dues à l'État et provenant des différents impôts ou de l'aliénation des biens du do-

1. V. Polybe, liv. vi, et Tite Live, *passim*.

maine. Ils surveillent également la sortie du Trésor des fonds alloués par le Sénat pour les différents services publics. Ils doivent tenir des comptes exacts de toutes les opérations de recette et de dépense, ainsi que de toutes les dettes et créances de l'État, de manière à rendre les détournements impossibles. Ils ne doivent faire de payement à personne, pas même à un dictateur, sans un avis préalable du Sénat déterminant la somme dont ils peuvent disposer. Ils ne sauraient impunément excéder ces crédits.

Nous savons que les consuls ont, par exception, le droit de puiser dans le Trésor public sans autorisation du Sénat.

A côté de ces deux questeurs, d'autres questeurs accompagnent, comme caissiers et payeurs, les généraux d'armées et, plus tard, les gouverneurs de provinces. Subordonnés aux premiers, ils leur rendent des comptes, de telle façon que toute la comptabilité se trouve centralisée à Rome.

Depuis Valérius Publicola (509 av. J.-C.) l'*ærarium* se trouve au temple de Saturne. Il reçoit tous les revenus publics, à l'exception du *vingtième* sur les affranchissements, dont le produit constitue un fonds de réserve et se trouve déposé dans une caisse spéciale, *ærarium sanctius*.

A côté du Trésor public, il y a aussi un Trésor d'État secret où l'on ne puise que dans les besoins urgents.

— Les *censeurs* ont pour mission spéciale de

mettre en adjudication un certain nombre d'entreprises intéressant l'État. Ces adjudications sont de deux espèces :

1° Ils adjugent *au rabais, infimis pretiis,* la livraison des fournitures publiques, ce qui comprend : l'entretien des oies du Capitole, la livraison des chevaux curules et des animaux destinés aux sacrifices, les fournitures d'équipement pour les magistrats, la fourniture des trompettes qui servent à convoquer les comices de centuries, etc. [1].

Ils adjugent de la même façon l'entreprise des travaux publics et l'entretien des monuments existants. A cet effet, le Sénat met à la disposition des censeurs des sommes déterminées ; ils ne peuvent, sous aucun prétexte, excéder ces crédits, mais ils ont le choix des travaux publics qu'il convient d'exécuter ; toutefois le Sénat n'est pas lié par les contrats d'adjudication qu'ils concluent, et peut les modifier ou les annuler (voy. *supra*, p. 31).

2° Ils adjugent, *au plus offrant, summis pretiis,* la perception des impôts et l'exploitation des mines de l'État. L'adjudication se fait au Forum, en présence du peuple assemblé, pour un terme de cinq ans. Des cahiers de charges, *tabulæ censoriæ*, sont rédigés à l'avance et font connaître les conditions de l'adjudication.

— Nous sommes amenés, à ce propos, à nous

____

1. Walter, § 184.

demander de quelle manière s'effectuait la perception des revenus publics. Le recouvrement des impôts ne s'opérait pas, nous venons de le voir, par l'intermédiaire des préposés du fisc, mais par celui d'adjudicataires auxquels l'impôt était affermé et qui prenaient à cette occasion le nom de *publicains*. Dans une acception générale, le mot *publicain* désigne toute personne qui se trouve en relation d'intérêt avec l'État au moyen de l'adjudication. Ainsi, les entrepreneurs de fournitures et de travaux publics étaient des *publicains*. Mais plus spécialement on désignait par là les capitalistes auxquels l'impôt était affermé. Ils s'engageaient d'avance envers l'État à lui payer annuellement une somme fixe, représentative de la valeur du *vectigal* dont le recouvrement leur était abandonné et qu'ils exploitaient à leurs risques et périls. Le rendement du vectigal était-il supérieur à celui du fermage, c'était autant de bénéfice pour le publicain; était-il inférieur, au contraire, la différence constituait à son détriment une perte qu'il devait subir.

L'avantage évident d'un pareil système pour l'État, c'est de lui épargner des frais considérables d'administration et de perception. Mais, si l'on considère plutôt l'intérêt du contribuable, on aperçoit qu'il est exposé à l'arbitraire d'un système qui repose uniquement sur le profit de l'exploitant, sans qu'aucune loi préservatrice vienne le protéger contre ses vexations.

Il se forma, pour l'entreprise de ces adjudications, des sociétés de citoyens riches assez semblables à nos sociétés par actions. Chacun des associés recevait une portion plus ou moins forte des bénéfices, suivant l'importance de sa mise de fonds.

A la tête de l'entreprise, se trouvait un directeur (*manceps*), chargé de traiter avec les censeurs, de fournir caution (*prædes et prædia*), et responsable envers l'État.

A côté du directeur, un gérant (*magister societatis*), qu'on renouvelait tous les ans, chargé de la comptabilité et de la correspondance. Le directeur et le gérant étaient fixés à Rome.

Dans la province où l'impôt devait être recouvré, se trouvait un sous-directeur (*pro-magistro*), qui veillait sur place à la perception. Il avait sous ses ordres un nombreux personnel d'employés, les uns, distribués dans les différentes localités pour percevoir les droits (*coactores*), les autres occupés à la correspondance (*tabellarii*); pour le travail de bureau, on se servait surtout d'esclaves.

Les sénateurs étaient exclus de ces sortes d'entreprises financières; les publicains prédominaien surtout dans l'ordre équestre fondé par C. Gracchus. Grâce à l'extension de leurs affaires, les chevaliers arrivèrent ainsi à former dans l'État une classe de capitalistes influents, qui parvinrent à exercer dans la vie politique de Rome un rôle de premier ordre[1].

§ 2. — *Période impériale.*

L'Empire amena de notables changements dans l'administration des finances en même temps que dans les procédés employés pour la perception des impôts.

— On sait qu'Auguste divisa les provinces de l'Empire en provinces du peuple ou du sénat et en provinces de l'empereur. Une conséquence de cette division fut la séparation importante du Trésor public en deux Trésors distincts : il y eut un Trésor de l'État, appelé *ærarium*, et un Trésor du prince, ou *fiscus*. Les revenus des provinces abandonnées au Sénat entraient dans le Trésor public, tandis que les revenus des provinces de César étaient versés dans les caisses du *fisc* impérial.

Le Sénat conserve, au moins de nom, la disposition de l'*ærarium Saturni*, dans lequel la plupart des revenus de l'Empire sont encore versés. Quant au Trésor impérial, il est alimenté d'abord par les revenus du domaine de l'empereur, qui va sans cesse grandissant ; il reçoit en outre tous

1. Sur les sociétés de publicains : Marquardt, ch. III et IV ; Willems, p. 370 ; Xenopolus, De societatum publicanorum Romanorum historia ac natura juridiciali, Berlin, 1871 ; Tite Live ; Cicéron, *passim.*

les legs faits au prince par des particuliers, les amendes infligées pour fraudes de douane, les sommes d'argent que les villes d'Italie et les provinces étaient obligées d'offrir en présent à l'empereur à certaines occasions (*aurum coronarium*), enfin les biens des condamnés.

La fortune personnelle et privée du prince avait une direction spéciale au sein même du fisc impérial, mais il arrivait souvent qu'on en assignât indifféremment les revenus soit sur cette caisse spéciale, soit sur la caisse même du fisc.

Lorsque le pouvoir impérial eut pris une plus grande extension, il s'établit une confusion entre les provinces du Sénat et celles du prince; le Trésor public tendit aussi à se confondre avec le fisc impérial et dans les codes Théodosien et Justinien, ces expressions sont souvent employées l'une pour l'autre. Mais si la séparation entre les revenus du prince et ceux de l'État, tirée de la diversité des provinces, ne se maintint pas d'une manière absolue, il y eut toujours une distinction nettement tranchée entre eux au point de vue de l'administration et de la comptabilité. L'administration des revenus publics ou de l'ancien *ærarium* vint se concentrer aux mains d'un chef suprême appelé *Comes sacrarum largitionum*, ou Ministre du Trésor public; l'administration des revenus du prince ou de l'ancien *fiscus* dépendit d'un autre chef appelé *Comes rerum privata-*

rum, Ministre ou Intendant des domaines du prince.

Le *Comte des largesses sacrées* (comes S. L.) avait un personnel nombreux d'employés sous ses ordres. Les uns composaient ses bureaux et formaient avec lui l'administration centrale de la trésorerie ; les autres étaient répartis dans les diocèses ou les provinces. Il y avait à la tête des bureaux de l'administration centrale un Directeur général de la trésorerie, sous les ordres duquel étaient dix bureaux ayant chacun un chef de bureau[1].

De même, le *Comte des domaines* (comes R. P.) avait sous ses ordres deux catégories d'employés, les uns formant le service central, répartis en quatre bureaux, à la tête desquels était un chef de division ou Directeur ; les autres distribués dans les provinces avec des attributions nettement réparties et déterminées.

— Comment s'effectuaient les recettes sous l'Empire ? Dans les premiers temps on recourait encore à l'adjudication et au fermage ; mais ce système tendit à se modifier. On ne vit plus de ces fermes générales qui embrassaient plusieurs provinces. En outre, il n'y eut plus que certains impôts qui furent affermés ; c'étaient les droits de douane ou *portaria*, les droits d'herbage ou *scriptura*, l'exploitation des mines d'or et d'argent et des

---

1. De Serrigny, 1er vol., p. 90 : *Droit public et administratif romain.*

salines, et d'une façon générale tous les impôts *indirects*. Ce n'étaient plus les censeurs qui posaient les conditions du contrat, mais les gouverneurs de provinces. Enfin depuis Domitien la durée des baux, au lieu d'être de cinq ans, était réduite à trois.

Les impôts *directs* ordinaires étaient recouvrés par des collecteurs appelés *susceptores*; ils étaient nommés par les *décurions* des villes; ceux-ci en étaient responsables pécuniairement. On les prenait ordinairement parmi les décurions eux-mêmes, en sorte qu'ils se trouvaient à portée et dans le voisinage des contribuables. Il y avait en outre à la tête de chaque province deux collecteurs généraux, dont l'un encaissait les impôts publics proprement dits, et l'autre les revenus du domaine impérial. Ils étaient assistés par un employé des bureaux du gouverneur qui tenait un compte d'écritures parallèle au compte de deniers du *susceptor*, ce qui servait de contrôle à la perception des impôts.

Les impôts étaient exigibles par tiers, les 1er janvier, 1er mai et 1er septembre. Si le contribuable s'acquittait régulièrement, le percepteur devait donner une quittance contenant l'indication de la somme payée, de la cause de la dette et de la date des jour, mois et année. Tous les trois mois, les susceptores devaient dresser des états des sommes reçues, états qui étaient publiés dans la cité et envoyés à l'administration centrale.

Les revenus de chaque province étaient affectés aux dépenses publiques dans cette province, et l'on n'envoyait à Rome que l'excédant des recettes.

— Il est intéressant de rechercher quel était à la même époque le système employé pour le payement des dépenses. On est frappé de l'analogie qui existe entre les procédés en usage chez les anciens et ceux qu'on emploie de nos jours. Bien que, dans l'administration romaine, il n'y eût pas de budget, c'est-à-dire un état complet et détaillé de recettes et de dépenses prévues et autorisées par un pouvoir législatif, cependant le principe de l'autorisation préalable de toute opération pouvant engager les ressources publiques, était une des règles fondamentales des constitutions de l'Empire[1]. Il résultait de là qu'aucune dépense ne pouvait être payée que suivant les ordres et conformément à la volonté du souverain.

L'empereur jouait à peu près le même rôle que remplit aujourd'hui le pouvoir législatif[2]. Il fixait d'abord, d'une façon générale, les dépenses de l'Empire; puis, pénétrant dans le détail de ces

1. God. Code Théod., liv. viii.
2. Les notions générales qui suivent sur l'autorisation, l'ordonnancement et le payement des dépenses sont empruntées à M. Bouchard, p. 420 et suivantes.

dépenses, il déterminait le chiffre des émoluments alloués à chaque fonctionnaire public, réglait le tarif de la solde des troupes, fixait la somme à dépenser pour chaque entreprise nouvelle de travaux publics ainsi que le montant des gratifications extraordinaires ou des subventions accordées aux particuliers, aux provinces et aux cités. Mais l'autorisation de l'empereur n'avait pas besoin d'être renouvelée pour les dépenses qui se reproduisaient chaque année sous la même forme le crédit était considéré comme maintenu par cela seul que l'empereur ne l'avait pas retiré.

Les bases de la dépense ainsi arrêtées, c'était aux divers agents de l'administration des finances de procéder aux opérations qui devaient permettre aux créanciers de l'État de toucher les sommes, les denrées ou les objets auxquels ils avaient droit.

Dans tout système bien ordonné le payement des créanciers de l'État doit être précédé de la constatation même de leurs droits. Les administrateurs qui, conformément aux autorisations d'un pouvoir supérieur, ont levé des troupes, ordonné des travaux, entretenu des employés, doivent constater ce qui revient à ces soldats, à ces entrepreneurs, à ces employés, et, lorsqu'ils se sont assurés de la réalité et de l'étendue de leurs droits, donner les ordres nécessaires pour les faire payer par les comptables qui détiennent les fonds du Trésor. C'est ainsi que les choses se passent de nos jours; elles se passaient de la même façon dans la comptabilité romaine.

On appelle *liquidation* la constatation même du droit; *ordonnancement* l'ordre de payement délivré sur la caisse des comptables.

Les principaux ordonnateurs étaient les chefs des grands services administratifs, les ministres résidant auprès de l'empereur, les Maîtres de la cavalerie et de l'infanterie, le Comte des largesses sacrées et celui de la chose privée, les Préfets du prétoire, etc.

On peut considérer comme ordonnateurs secondaires certains officiers d'un grade moins élevé, qui agissaient sous l'autorité des magistrats supérieurs, et pouvaient disposer des sommes qui leur avaient été déléguées en bloc.

Quelquefois l'ordonnancement émanait de l'empereur lui-même; il affectait le plus souvent dans ce cas la forme de lettre; on en trouve plus d'un exemple chez les historiens[1].

Lorsque les droits des créanciers avaient été constatés et arrêtés, qu'ils avaient fait l'objet d'une ordonnance délivrée sur une caisse quelconque de l'État, on procédait au payement. Les dépenses générales étaient payées, soit dans la capitale, soit dans les provinces; les dépenses provinciales étaient acquittées avec les ressources réunies au chef-lieu par les collecteurs (*susceptores*)

---

1. Vopiscus : *Vie d'Aurélien.*

qui cumulaient ainsi les fonctions de receveurs et de payeurs.

CHAPITRE QUATRIÈME

GARANTIES DU FISC CONTRE SES DÉBITEURS.

Le fisc avait, par le recouvrement de ses créances personnelles, tout un réseau de garanties qui ont servi de modèle aux législations modernes.

Il jouissait, en premier lieu, d'un privilége général sur tous les biens, meubles ou immeubles, de son débiteur[1]. Il passait avant tous les créanciers chirographaires de ce débiteur et même avant ceux dont la créance était privilégiée et plus ancienne que celle du fisc : *privilegium fisci est inter omnes creditores primum locum tenere*[2] ; en effet, en matière d'actions personnelles, le rang du privilége se détermine non par la date, mais par la qualité de la créance[3].

Pour comprendre les effets de ce privilége, il faut se rappeler les différences considérables qui existent entre le droit romain et le droit fran-

---

1. Pothier, comment. Dig., liv. LXIX, t. XIV, l. 37.
2. Pauli sententiæ, XII, § 10.
3. Dig., l. 32, De rebus auctoritate judicis possidendis.

çais en matière de privilége. Le privilége romain ne conférait qu'un droit purement personnel qui ne donnait au créancier ni un rang de préférence à l'égard des créanciers hypothécaires, ni un droit de suite à l'égard des tiers détenteurs. Le débiteur demeurait donc libre de vendre, d'hypothéquer ses biens et par suite de consentir des droits réels qui l'emportaient sur les droits purement personnels des créanciers privilégiés. Un créancier privilégié ne l'emportait sur des créances hypothécaires qu'à condition d'avoir lui-même une hypothèque privilégiée, ce qui était la situation la plus favorisée ; c'est ainsi que la femme avait, depuis Justinien, une hypothèque privilégiée pour la répétition de sa dot, ce qui lui permettait de primer tous les créanciers de son mari, même antérieurs au mariage. Le fisc n'avait qu'un privilége simple ; aussi devait-il arriver souvent que ce privilége lui fût inutile lorsque ses débiteurs avaient consenti des aliénations ou des hypothèques.

Il va sans dire que le privilége du Trésor ne s'exerce que lorsqu'il agit de son chef, c'est-à-dire en vertu d'un droit qui est né en sa personne ; si le fisc a succédé à un créancier, il ne jouit que du droit dont aurait joui son auteur si la créance de celui-ci était purement chirographaire. D'après Pothier, cette règle doit s'entendre en ce sens que le fisc, quand il succède aux droits d'un particulier, prend la place de ce particulier pour le temps qui a précédé l'ouverture de la succession ; « mais son privilége renaît et s'exerce à l'égard des créanciers chirographaires postérieurs, car, vis-à-vis d'eux, la prérogative du temps, qui, seule, ne suffirait pas pour lui permettre de les primer, si elle est jointe à la faveur due aux intérêts du fisc, produit et détermine cette préférence. »

Il est un cas où le fisc, même pour une créance qui lui est propre, n'a pas de privilége : c'est lorsqu'elle résulte d'une peine prononcée contre un particulier. En ce cas, la créance du Trésor suit le sort des créances chirographaires ordinaires.

— A raison du peu d'efficacité de son privilége, le fisc obtint, avec le temps, une hypothèque tacite pour la garantie de ses créances. C'est Hermogenius, un des derniers jurisconsultes cités aux Pandectes, qui mentionne cette hypothèque : « Fiscus semper habet jus pignoris. »

Cette hypothèque, comme le privilége, est générale ; elle porte non-seulement sur les biens corporels, mais même sur les créances des débiteurs du fisc. Mais elle ne s'appliqua pas, dès le début, à toutes le créances du Trésor ; Ulpien le dit formellement[1]. Scœvola, qui fut le maître de l'empereur Sévère et de Papinien, nous apprend que le fisc, en prêtant de l'argent, avait le soin de convenir d'une hypothèque avec son débiteur ; il est bien certain que cette convention aurait été inutile si l'hypothèque eût existé dans tous les

1. Dig., loi 10, de pactis.

cas. Sans doute le fisc prit l'habitude d'exiger une hypothèque de tous ceux avec qui il contractait; se trouvant bien de la précaution, cette clause devint de style, puis elle finit par disparaître comme superflue, et c'est ainsi que prit naissance l'hypothèque tacite. A partir de l'an 214 de notre ère, on voit que le fisc a une hypothèque générale soit pour le recouvrement des impôts, soit pour tous les engagements dérivés des contrats passés avec lui; une constitution d'Antonin Caracalla, qui forme la loi 2 au Code *In quibus causis*, vint décider que le fisc aurait une hypothèque tacite et générale sur les biens présents et futurs de ses débiteurs. Mais, comme le privilége, elle ne s'étendit pas aux créances résultant de peines. De même les créances dévolues au fisc du chef des particuliers auxquels il succédait ne jouissaient pas de l'hypothèque tacite. On pourrait peut-être trouver quelques cas encore où, même après l'institution définitive de l'hypothèque légale, cette hypothèque, par exception, ne s'appliquait pas.

— Depuis que le fisc eut obtenu une hypothèque légale, doit-on considérer qu'ayant tout à la fois un privilége et une hypothèque tacite, il soit dans la position des créanciers à hypothèque privilégiée, de telle sorte qu'il doive, comme la femme mariée pour sa dot, primer les créanciers hypothécaires antérieurs à l'existence de sa créance? Nous pensons qu'à cet égard il faut user de distinctions et ne pas traiter de même toutes les créances du fisc.

En ce qui concerne les créances résultant de conventions, on serait tenté de croire que le fisc jouit d'une hypothèque privilégiée en présence de la loi 28, *de jure fisci* : « Si qui mihi obligaverat quæ habet habiturusque esset, cum fisco *contraxerit*; sciendum est in re postea acquisita fiscum potiorem esse debere, Papinianum respondisse ; quod et constitutum est. Prævenit enim causam pignoris fiscus. » Il semble bien résulter de ce texte que le fisc devrait l'emporter, quant aux biens à venir, sur les créanciers à hypothèque générale, même d'une date antérieure à la sienne. Mais on se trouve arrêté par une autre loi, qui décide en sens contraire. C'est la loi 24 (principium) de Scævola, *qui potiores in pignore*, où l'on suppose l'espèce suivante : Titius obligé, en vertu d'une condamnation, à payer une somme à Seia, lui donne en gage ses biens présents et à venir. Puis il contracte un emprunt avec le fisc et lui engage tous ses biens. Plus tard, le débiteur paye à Seia une partie de sa dette. Quant au reliquat, il intervient une novation, mais la nouvelle obligation qui en résulte est garantie par la même hypothèque générale donnée précédemment. On demande au jurisconsulte si Seia doit avoir la préférence sur le fisc, non-seulement quant aux biens que Titius possédait lors de sa première obligation, mais encore quant à ceux qu'il a acquis postérieurement, et cela jusqu'à ce que Seia soit entièrement désintéressée. Scœvola répond fort laconiquement qu'il ne voit, dans les faits qui lui sont soumis, aucune raison pour ne pas accorder à Seia la préférence absolue qu'elle réclame.

On oppose, il est vrai, qu'au temps de Scœvola il ne pouvait être question d'hypothèque privilégiée au profit du fisc, puisque le fisc n'avait même pas d'hypothèque tacite ; mais il ne faut pas perdre de vue que ce texte figure au Digeste, c'est-à-dire dans une compilation faite à une époque où l'on était fixé sur les droits du fisc. Il semble donc qu'il y ait contradiction dans le droit de Justinien entre la loi 28, *de jure fisci* et la loi 24 que nous venons de citer.

Cujas a proposé une conciliation : Suivant lui, l'hypothèque du fisc a pour effet de lui attribuer un rang de préférence sur les créanciers à hypothèque générale quant aux biens à venir seulement. En ce qui concerne les biens présents, on appliquera la règle commune *qui potior tempore, potior jure*. La loi 28 fait formellement cette distinction. Quant à la loi 24 de Scœvola, Accurse l'a expliquée comme il suit : La femme Seia passe avant le fisc, tant sur les biens que le débiteur Titius avait au moment où il s'obligeait avec elle que sur ceux qu'il a acquis depuis, mais seulement jusqu'au jour où il contracte avec le fisc ; à partir de ce moment, les biens nouvellement acquis seront dévolus au fisc de préférence à la femme Seia [1].

Cette interprétation doit être rejetée ; elle introduit une restriction qui n'est nullement justifiée par le texte. La pensée de Scœvola, en donnant la préférence à Seia sur le fisc, se portait, sans réserve aucune, sur tous les biens que Titius pouvait acquérir depuis le contrat, et cela indéfiniment, « donec Seia universum debitum suum consequatur, » jusqu'au jour où Seia se trouvera complétement désintéressée. L'ordre de préférence embrasse l'avenir comme le passé : tant que Seia ne sera pas payée, elle fera obstacle aux droits du fisc. Cette conciliation doit donc être repoussée.

Il s'en présente une autre infiniment plus simple, si l'on donne son véritable sens au mot *contraxerit*, qui figure dans la loi 28. On l'explique à tort de cette façon : « Si quelqu'un, après avoir contracté avec moi, contracte avec le fisc. » Le mot *contraxerit* peut très-bien s'entendre du passé en l'appliquant à quelqu'un qui avait déjà contracté avec le fisc au moment où il hypothèque tous ses biens à un tiers. Il faudrait donc le traduire ainsi : « Si celui qui m'a engagé tous ses biens a déjà contracté avec le fisc, » le fisc me

1. Machelard : Textes *de Droit Romain*, p. 126 et suivantes.

sera préféré. On ne trouve donc ici qu'une application de la règle générale *qui prior tempore, potior jure*. Dès lors, les derniers mots du texte prennent une signification très-satisfaisante : « prævenit causam pignoris fiscus; » ils indiquent que le fisc est venu le premier comme créancier.

Ainsi les deux textes sont d'accord ; le fisc n'a point, pour la garantie de ses créances contractuelles, de préférence sur les biens de son débiteur à l'encontre de créanciers hypothécaires d'une date antérieure à la sienne. Il a deux droits distincts : un privilége purement personnel qui n'a d'effet, comme nous l'avons vu, que contre les créanciers chirographaires simples ou moins privilégiés, mais qui n'est pas opposable aux créanciers hypotécaires. Il a en outre une hypothèque légale dont le rang se détermine, comm pour les hypothèques ordinaires, d'après sa date. Par conséquent, il est primé par les créances hypothécaires antérieures à la sienne.

Il en est autrement, d'après M. Serrigny et quelques auteurs, lorsqu'il s'agit, pour le fisc, du recouvrement des impôts arriérés. Sa créance est alors garantie par une véritable hypothèque privilégiée. C'est ce qui résulte en effet, assez clairement, de la loi 2 *Si propter pensit publ.* au Code : « potior est enim causa tributorum, quibus priore loco omnia bona cessantis obligata sunt. »

Cette hypothèque tacite privilégiée suivait les

biens des redevables entre les mains des tiers, et il n'était pas permis à un vendeur ou à un donateur d'insérer dans un acte de vente ou de donation librement consenti des clauses ayant pour objet de soustraire le nouveau propriétaire au payement des impôts arriérés. Pour les impôts postérieurs à l'aliénation, cette prohibition s'explique tout naturellement par la maxime : *Dominum qui fructus capit tributa exigi justum est*.

— Outre le privilége et l'hypothèque, le fisc avait d'autres moyens pour garantir le recouvrement des impôts ; si les contribuables ne s'exécutaient pas, le gouvernement envoyait des agents de recouvrement appelés tantôt *apparitores*, tantôt *ducenarii*, *centenarii* ou *sexagenarii*; cette dénomination vient sans doute du nombre de ces agents.

Les biens meubles et immeubles des contribuables en demeure de se libérer pouvaient être mis en vente. Ces ventes avaient lieu en vertu d'un simple ordre émané du gouverneur sur la demande de ceux qui étaient responsables du recouvrement de l'impôt. Nous avons dans les *contraintes* délivrées par nos receveurs particuliers sur la demande des percepteurs une institution analogue. Les redevables avaient encore deux mois, après l'injonction du gouverneur, pour se libérer. Faute par eux de s'exécuter dans ce délai, on vendait leurs biens par adjudication, publiquement et avec concurrence. Ces ventes forcées étaient irrévocables pour le fisc et ne pouvaient être rescindées par lui pour le payement des impôts arriérés ; elles faisaient passer les biens libres entre les mains des acquéreurs. On voit dès lors la différence qui existe entre ces ventes publiques et les ventes volontaires consenties par un débiteur du fisc; dans l'aliénation volontaire, l'hypothèque tacite suit les biens du redevable entre les mains des tiers; ici, au contraire, les biens sont définitivement purgés de tous les impôts arriérés dus au Trésor.

Si le propriétaire abandonnait son fonds pour ne pas payer ses impôts, on l'adjugeait à un tiers sans que celui-ci fût tenu de payer les impôts arriérés. Mais si dans les six mois de cette adjudication l'ancien propriétaire ou ses créanciers se présentaient et offraient de payer tous les impôts et de rembourser au nouveau possesseur ses impenses, ils pouvaient rentrer dans la propriété adjugée. Ce délai passé, ils étaient déchus de leurs droits et l'acquéreur devenait propriétaire incommutable[1].

— Si le retard dans le recouvrement des impôts provenait, non de la faute des contribuables, mais de la négligence des gouverneurs ou de leurs employés, le Préfet du prétoire ou son vicaire pouvait leur envoyer des soldats en garnison pour les contraindre au payement de l'arriéré,

1. Loi II, Cod. de omni agro deserto.

sauf leur recours contre les redevables. M. Serrigny remarque le rapport qu'il y a entre ces garnisons et les escouades de gendarmerie que la loi du 17 brumaire an V permet d'envoyer à nos percepteurs. Ce mode d'exécution fut aboli d'ailleurs par Justinien, comme nos envois d'escouades de gendarmerie sont tombés en désuétude.

Du reste, au milieu de ce cortége de garanties, le droit romain n'admettait pas la contrainte par corps en matière d'impôts; il est à remarquer qu'ici le fisc était moins bien traité que les particuliers, car la même législation l'admettait pour dette privée. Aussi Cujas considère-t-il que c'est là un excès d'indulgence[1]. Les constitutions impériales défendent également l'emploi des coups de fouet plombé, la torture ou tout autre supplice. Ces prohibitions souvent répétées dans les monuments législatifs sont une preuve manifeste de l'usage trop fréquent que les agents du fisc faisaient de semblables violences envers les particuliers.

1. Cujas, liv. ii, Cod. de exact. trib.

CHAPITRE CINQUIÈME

RÈGLES PARTICULIÈRES AUX DROITS DU FISC.

Indépendamment du privilége, de l'hypothèque et de toutes les autres garanties accordées au fisc pour la sûreté de ses créances, il jouissait encore, comme créancier ou comme débiteur, d'un certain nombre d'avantages qui lui étaient propres, et qui le plaçaient en dehors du droit commun.

— On sait que dans les contrats de bonne foi, les intérêts courent du jour de la mise en demeure du débiteur. Le fisc, par exception, ne doit pas d'intérêts, même après avoir été mis *in mora* par son créancier [1]. Il en serait autrement cependant si sa dette faisait partie d'une succession qui lui serait échue ; l'obligation n'étant pas née dans sa personne conserverait tous les caractères d'une dette privée.

Au contraire, lorsque le fisc est créancier, son débiteur lui doit des intérêts du jour de la demeure. La loi 17, § 6, *de usuris* étend même ici le

1. L. xvii, § 5, Dig., *de usuris*.

droit du fisc : lorsque des débiteurs, qui devaient moins de six pour cent deviennent les débiteurs du fisc, parce que, par exemple, le fisc a succédé au créancier originaire, ils doivent désormais un intérêt de six pour cent.

— Si un débiteur fiscal a payé un autre créancier en fraude des droits du Trésor, celui-ci a une action en répétition même contre celui qui a reçu le payement de bonne foi et qui a consommé l'argent. C'est là une dérogation au droit commun à laquelle, paraît-il, tous les jurisconsultes n'adhéraient pas. Car Pothier fait observer[1] que Papinien était d'un avis contraire : il exigeait que le créancier qui a reçu l'argent fût complice de la fraude, ou du moins qu'il sût, avant de consommer les deniers, que son débiteur était aussi débiteur du fisc. L'opinion contraire prévalut[2]. Toutefois on venait au secours du créancier à qui l'argent était ainsi enlevé, en le restituant dans son action contre le débiteur. On lui donnait même une action utile contre le fidéjusseur que le payement avait libéré. En outre, les gages et hypothèques qu'il avait reçus du débiteur pour la garantie de sa créance continuaient à demeurer affectés au payement de ce qui lui était dû[3].

— La compensation ne pouvait pas être opposée au fisc lorsqu'il réclamait des impôts, des four-

---

1. Poth , comment. Pand., liv. 49, tit. xiv, § 4.
2. L. xviii, § 10, de jure fisci.
3. Dig. L. 21, de jure fisci.

nitures ou un prix de vente. Dans les cas où elle était admise, ce n'était qu'avec des restrictions toutes spéciales : ainsi, il fallait que la somme opposée fût due par le même bureau de comptabilité qui réclamait : « et senatus censuit et sæpe rescriptum est compensationi in causa fiscali ita demum locum esse, si eadem statio quid debeat quæ petit. Atque hoc juris propter confusionem diversorum officiorum tenaciter servandum est. »

— Le fisc était dispensé de donner caution dans les cas où les particuliers y étaient assujettis[1], parce qu'il était toujours présumé solvable. De là l'adage bien connu, et qui a passé dans les législations modernes : *fiscus semper solvendo censetur*. Ainsi quand un légataire n'a pas le droit d'obtenir son payement du jour où les biens de la succession sont acquis à l'héritier, par exemple si le legs a été fait à terme ou à condition, il peut du moins, en droit commun, se faire donner caution par l'héritier. Mais si l'hérédité est déférée au fisc, celui-ci n'a pas à fournir de caution.

— Les ventes faites par le fisc étaient de droit soumises à la surenchère (*adjectio*) pendant un délai déterminé, mais dont la durée précise n'est pas indiquée par les textes. Il n'en est pas de même dans notre législation ; la surenchère, bien qu'admise par le droit commun dans un grand nombre de cas pour les ventes publiques de biens appar-

____

1. L. I, § 18, Dig. ut. legat. seu fideic. serv.

tenant à des particuliers, n'a pas lieu pour les ventes, soit de meubles, soit même d'immeubles appartenant à l'État. L'expérience a prouvé, en effet, que si la faculté de surenchérir offre de l'utilité dans les ventes qui se font d'autorité de justice, elle n'est nullement nécessaire, dans l'intérêt du vendeur, pour les ventes volontaires. Or les ventes faites par l'État sont toujours présumées telles, le fisc n'étant pas censé subir la contrainte des ventes forcées.

— Dans le cas où le fisc possédait une chose en indivision avec un tiers, n'en eût-il qu'une faible portion, il pouvait la vendre en entier, sauf à rembourser à son communiste la portion du prix qui lui revenait[1]. C'était un moyen pour le fisc de trouver plus facilement un acquéreur.

— Un autre avantage du fisc consistait en ce que, s'il aliénait un immeuble, l'acquéreur ne pouvait pas, contrairement au droit commun, expulser le fermier, par la raison qu'il aurait exposé le fisc à un recours de la part de ce fermier[2].

— Le fisc n'était pas tenu de la garantie des vices rédhibitoires[3], quoique les villes y fussent soumises. Cette faveur était due soit à la qualité du fisc qui excluait l'idée de dol et de fraude, soit

1. Cod., l. unic. de Vend. rer. fisc.
2. Dig., l. ult. de jure fisci.
3. Dig., l. i, § 3, de ædilit. edict.

à la forme publique de ces ventes qui résiste davantage à la rescision.

— Un principe important à signaler, c'est que les biens du fisc étaient imprescriptibles « res fisci nostri usucapi non potest. » (Inst., § 9, de usucap.) Cette règle ne s'applique pas seulement aux choses fiscales affectées à un usage public, comme les routes, les canaux, etc., mais aussi aux biens de nature patrimoniale que nous appelons aujourd'hui *domaine de l'État*. Cependant dans le dernier état du droit romain on admit pour les biens du fisc la prescription de quarante ans [1].

— Enfin le fisc avait ce privilége que les causes fiscales ne pouvaient pas être jugées sans la présence de son avocat. Dans le cas d'inobservation de cette règle, les jugements rendus contre lui devaient être rescindés : « Quod si sine advocato pronunciatum sit, divus Marcus rescripsit nihil esse actum ; et ideo ex integro cognosci oportet. »

Quels étaient les attributions et le rôle de ces avocats ? Ils étaient chargés avant tout de défendre les intérêts du Trésor près des différents magistrats qui remplissaient l'office de tribunaux. Mais leurs fonctions ne consistaient pas seulement à plaider, ils s'occupaient d'une façon générale de toutes les affaires qui pouvaient survenir au fisc : ils recherchaient les biens vacants et caducs qui

1. Cod., l. iv, de prescript. 30 vel 40 ann.
2. Dig., l. vii, de jure fisci.

lui étaient dévolus, ils revendiquaient pour lui, ils assistaient, comme nous venons de le voir, à tous les jugements rendus pour ou contre le fisc.

Cette institution remonte à l'empereur Adrien (117-138); les avocats du fisc étaient choisis généralement parmi les membres de l'ordre des avocats et nommés pour deux ans; mais rien ne s'opposait à ce que leurs fonctions fussent renouvelées après ce laps de temps. Ils jouissaient de priviléges importants, ce qui s'explique aisément puisqu'ils avaient pour client le prince, qui était la source et le dispensateur de tous les priviléges.

On s'accorde assez généralement à voir dans cette institution l'origine du ministère public, ce qui ne s'expliquerait guère si l'on ne considérait en eux que les représentants des intérêts du Trésor. Mais ils étaient appelés, dans certaines occasions, à jouer un rôle plus important. On sait qu'à Rome la faculté d'intenter les actions criminelles contre les coupables appartenait à tous les citoyens; ce droit, introduit sous le régime républicain, persista durant la période impériale. Mais peu à peu, avec le relâchement des mœurs, les particuliers se désintéressant chaque jour davantage des affaires publiques, on sentit la nécessité de recourir à l'intervention de l'avocat du prince pour exercer les poursuites criminelles. C'est lui qui dut, à défaut d'accusateurs, rechercher et poursuivre les coupables; l'avocat du fisc devint ainsi un véritable agent faisant fonction de ministère public. « Voilà, dit M. Serrigny, l'origine du ministère public et son acte de naissance aussi authentique que les actes dressés par nos officiers de l'état civil. »

SECONDE PARTIE

—————

DU TRÉSOR PUBLIC EN FRANCE

PROLÉGOMÈNES.

Le mot *bougette* désignait, dans la langue de
Rabelais et de quelques autres anciens auteurs,
une poche ou une besace. Les Anglais ont tiré
de là leur *budget*, terme par lequel ils désignaient
le grand sac de cuir où l'on renfermait les pièces
destinées à présenter au Parlement les ressources
et les besoins du pays. C'est au commencement
de ce siècle, vers 1802 ou 1803, que l'on trouve
pour la première fois le mot budget dans les actes
du gouvernement français. Il entra dès lors dans
notre langue financière pour désigner le vaste
ensemble des dépenses et des recettes de l'État,
et remplaça les dénominations incommodes dont
on s'était servi jusque-là.

La concentration, dans un document unique,
des ressources et des charges du pays, livrées à
tous les regards et soumises à l'approbation de représentants libres, n'est pas d'origine fort ancienne ; on peut dire qu'elle date de la charte
de 1814. Sous le premier Empire, il est vrai, la

loi de finances était soumise à la délibération des Chambres, mais leur concours n'était guère qu'une homologation pure et simple des actes du pouvoir exécutif. Le chef de l'État pouvait, par des décrets ultérieurs, modifier les fixations législatives d'impôts. En outre, chaque année, deux cents millions de fonds spéciaux étaient laissés à la libre disposition du souverain et ne figuraient pas au budget. Enfin il n'y était fait nulle mention des riches produits de la conquête, qui constituaient le domaine extraordinaire de la couronne[1].

La charte de 1814 pose la première le principe d'un budget général de l'État. Elle exige, pour l'établissement des impôts, le consentement des deux Chambres et la sanction royale; mais elle ne va pas plus loin. Ainsi elle n'ordonne pas expressément la composition d'un budget général. Et, quant au droit des Chambres de fixer les dépenses, elle ne l'accorde en termes formels que pour la liste civile. Toutefois, le pouvoir exécutif suppléa à ces lacunes. Il prit l'initiative de réunir dans une même loi toutes les dispositions qui intéressaient la fortune publique ; et, d'autre part, il conféra aux Chambres l'importante attribution d'autoriser les dépenses. Ce droit d'ouvrir des crédits fut considéré comme une conséquence virtuelle du vote de l'impôt. Ce n'était pas assez, en

1. Marquis d'Audiffret : Extrait du système financier de la France.

effet, de démontrer au pouvoir législatif la nécessité de l'autorisation des contributions publiques par un exposé des besoins du Trésor, ce pouvoir dut mesurer lui-même l'étendue et fixer la limite de ces besoins. Toutefois, il faut remarquer que ces deux principes, la rédaction d'un budget général, et l'ouverture des crédits par le pouvoir législatif, scrupuleusement observés depuis 1814, n'ont été expressément ordonnés par aucune loi. On n'en trouve le commandement écrit que dans l'ordonnance de 1838, confirmée depuis par le décret de 1862 sur la comptabilité publique.

— Comment le budget de l'État est-il préparé ? Quels sont les éléments dont il se compose ? Comment est-il discuté et voté? Quelles sont les modifications qu'il peut subir après coup ? Telles sont les questions qui se posent à qui veut se faire une idée des formes et de l'économie d'un budget. Nous y répondrons brièvement.

I. — Le budget des dépenses est préparé séparément dans chaque ministère. On prend pour base le budget des dépenses de l'année précédente voté conformément aux besoins du ministère, en y ajoutant, pour l'exercice qui va s'ouvrir, les modifications en plus ou en moins que nécessitent ou qu'autorisent les exigences de ce nouvel exercice. A chacun des chiffres ainsi modifiés, on a soin d'ajouter une note explicative en marge.

Le budget de chaque ministère ainsi préparé se divise en *chapitres*, en *articles*, en *paragraphes* d'articles. Il est envoyé au ministère des finances, qui fond tous ces budgets particuliers en un seul, en y ajoutant le budget particulier du ministère des finances.

Quant au budget des recettes, il ne regarde que le ministère des finances. Ici l'on prend pour base, non point les recettes qu'on a pu prévoir l'année précédente mais qu'on a bien pu ne pas réaliser, mais les rendements effectifs du dernier exercice connu. C'est ainsi que les recettes de l'exercice 1876 sont basées sur les recouvrements effectués en 1874[1]. Mais, comme il se peut faire que ces recettes soient insuffisantes pour faire face à de plus grands besoins, c'est au ministre des finances à trouver, dans de nouveaux produits, de quoi faire face à ces exigences nouvelles. C'est là que la sagacité d'un ministre se fait connaître et que se révèle le véritable génie financier.

Tel est le travail préalable qui prépare un budget. Discuté en conseil des ministres, il est ensuite porté devant les assemblées délibérantes appelées à le voter[2].

II. — Le budget comprend : un *exposé des motifs*; un *texte* ou *projet de loi*; des *tableaux annexés* répondant à la loi ; des *documents généraux*.

Le texte même de la loi de finances, qui est la

---

1. Note communiquée par le ministère des finances.

2. En vertu de la constitution de 1878, la loi de finances doit être discutée devant les deux Chambres, et, en premier lieu, devant le Corps législatif.

partie essentielle et comme l'âme de cet immense document, propose à l'agrément des Chambres trois grandes catégories de dépenses :

Ce sont d'abord les *Dépenses générales* de l'État; on y peut faire face indifféremment avec le produit de l'une quelconque des recettes de l'État, sauf celles qui ont une destination spéciale; c'est pour ce motif qu'on les appelle quelquefois *Dépenses sur ressources générales.*

On leur oppose les *Dépenses sur ressources spéciales*, qui constituent la seconde catégorie des dépenses publiques. Celles-ci ne peuvent être imputées que sur certains fonds déterminés. Ainsi les dépenses des départements sont couvertes avec les recettes des départements; ainsi le versement aux communes des centimes communaux, les remises, les modérations, les dégrèvements en matière de contributions directes constituent autant de dépenses sur ressources spéciales.

Viennent enfin les *Dépenses rattachées pour ordre* au budget de l'État. Elles sont relatives à certains services vraiment généraux, mais qui, par suite des circonstances, ont fini par avoir une existence distincte et par constituer un budget indépendant avec ses ressources et ses dépenses propres. Telles sont : l'*Imprimerie nationale*, les *Chancelleries consulaires*, la *Fabrication des monnaies et médailles*, la *Légion d'honneur*, la *Caisse des invalides de la marine*, etc.

III. — Comment le budget de l'État est-il voté ?

Il est clair que le pouvoir législatif exercé sur les dépenses publiques une action d'autant plus directe que les crédits à voter sont plus morcelés; il peut s'ingérer par là davantage dans le détail de ces dépenses; les ministres sont alors renfermés à l'étroit dans les crédits qui leur sont accordés. Si, au contraire, les dépenses sont votées par grandes sections, le pouvoir administratif est à l'aise pour se mouvoir dans la limite qui lui est ouverte. On comprend donc facilement que le vote du budget soit intimement lié à l'histoire politique de notre pays et qu'il ait suivi de près les vicissitudes de nos institutions politiques.

Sous le premier Empire, où la plus grande part possible est laissée au pouvoir exécutif dans la direction des affaires publiques, le budget est voté en bloc. Le Corps législatif se borne à fixer le chiffre total des principales dépenses de l'État, en laissant au Gouvernement le soin d'appliquer ces dépenses comme il l'entend. Cet état de choses amena, au commencement de la Restauration, une réaction passionnée, mais qui dura peu. En 1817, les crédits étaient votés par ministères; sans doute on mettait sous les yeux de la Chambre le détail des dépenses de chaque ministère, mais c'était seulement pour qu'elle pût voter en connaissance de cause; cette répartition ne liait pas les mains au Gouvernement et, à son gré, il pouvait, au sein d'un même ministère, y apporter telle modification qu'il jugeait utile; ainsi, il pouvait reporter d'un chapitre à un autre telle partie du crédit ; le ministre de la marine, par exemple, avait-il, dans la loi de finances, indiqué seize millions pour le chapitre des approvisionnements et huit millions pour celui des armements, il pouvait après coup, et pour peu qu'il fallût mettre en mer un plus grand nombre de bâtiments, augmenter le chapitre des armements d'une partie des crédits ouverts au chapitre des approvisionnements. Toutefois, dans les cas ordinaires, on considérait qu'il y avait une obligation morale pour le ministre de se conformer, dans l'exécution, à l'état de dé penses soumis aux députés.

Durant la période qui s'étend jusqu'à 1827, la loi de 1817 eut de vives attaques à soutenir. En 1822, la question revint devant les Chambres et donna lieu à une discussion célèbre où Royer-Collard, partisan de l'ingérance illimitée des Chambres dans le vote du budget, développa la question sous toutes ses faces, et avec une singulière puissance d'argumentation. Se fondant sur le droit incontesté du pouvoir législatif de voter l'impôt, il en tire cette conséquence naturelle, qu'il doit aussi pouvoir en régler l'application. A ce droit il ne reconnaît pas de limite. Vainement opposerait-on que la Chambre, en pénétrant ainsi dans le détail des moindres dépenses, empiète sur le rôle de l'administration, qu'en fixant employé par employé le traitement de chacun, de cette manière elle en arrive à les nommer ou à les révoquer; qu'importe, si une telle conséquence découle d'un principe juste? D'ailleurs, tout ce qu'on en peut conclure, c'est que l'on aura des fonctionnaires sans traitements.

La proposition de Royer-Collard fut rejetée. Toutefois, cinq ans plus tard, l'ordonnance du 1er septembre 1827 fit droit à ce que ces réclamations contenaient de juste, en concédant aux Chambres le droit de voter le budget des dépenses par *sections*. Les sections étaient de grandes divisions établies dans chaque ministère; mais tel était l'esprit du temps qu'à peine promulguée, cette ordonnance parut trop étroite. Il fallut, après 1830, aller plus loin encore. La loi du 29 janvier 1831 fit enfin prévaloir le vote du budget par *chapitres*. Chaque chapitre ne devait contenir que des services corrélatifs ou de même nature. Tel fut le système en vigueur jusqu'au second Empire.

Celui-ci nous ramène bien loin en arrière et nous fait successivement passer, depuis son origine jusqu'à sa chute, par toutes les phases que nous avons déjà traversées depuis 1817. C'est d'abord un sénatus-consulte de 1852 qui revient au système de la loi de 1817 en rétablissant le vote par ministères; puis un sénatus-consulte de 1861 qui concède le vote par *sections* comme en 1827[1]. Ici toutefois la ressemblance n'est pas com-

---

1. V. art. 84 du décret de 1862 sur la comptabilité publique.

plète; pour qu'il ne dépende ni du corps législatif ni du pouvoir exécutif de modifier les sections, leur nombre et leur nomenclature doivent être fixés par le Sénat; c'est un droit constitutionnel. En outre, le Corps législatif n'ayant plus, comme en 1827, le droit d'amendement, ne peut plus exercer une action indirecte sur le chapitre ou l'article, subdivisions de la section. A ce double point de vue, le sénatus-consulte de 1861 innovait [1].

Dans les dernières années de l'Empire, les concessions allèrent plus loin encore et restreignirent davantage l'action du Gouvernement en élargissant celle du pouvoir exécutif. Un sénatus-consulte de 1869 est revenu au vote par chapitres. Leur nombre et leur nomenclature étaient arrêtés par le Sénat.

En dernier lieu et en vertu de la loi du 16 septembre 1871, nous sommes revenus sans restriction au système de 1831. Aujourd'hui le budget des dépenses de l'Etat est voté par chapitres.

Durant la période qui s'étend de 1861 à 1869, le budget, une fois voté par sections, donnait lieu à une double répartition :

Une première répartition par chapitres était réglée par décret impérial rendu en Conseil d'État [2]. Elle créait pour les ministres une spécialité

1. V. sur cette question le rapport de M. Troplong au Sénat (*Moniteur* du 18 décembre 1861).
2. Art. 84 du décret de 1862.

administrative à côté de la spécialité législative. Les ministres faisaient ensuite la seconde répartition, et divisaient les chapitres en articles.

Aujourd'hui, voté par chapitres, le budget ne donne plus lieu qu'à une seule répartition, la subdivision des chapitres en articles. Cette répartition ne peut avoir lieu qu'après le vote de la loi, mais elle est préparée dans le projet de loi et soumise aux commissions législatives de façon à leur permettre de décomposer les éléments de toutes les dépenses. Il y aurait donc mauvaise foi de la part d'un ministre à modifier après coup et sans nécessité les articles présentés, bien que ces modifications n'aient rien en soi d'illégal.

IV. — Une fois voté et passé à l'état de loi, il semblerait que le budget dût être immuable et qu'il dût être appliqué pendant toute la période de temps pour laquelle il a été voté. Cependant deux événements inattendus ont pu se produire : ou bien il se peut faire que pour une dépense prévue et autorisée les allocations votées soient insuffisantes, ou bien il est possible que le Gouvernement pendant le cours d'un exercice se trouve en présence de besoins extraordinaires et tout à fait imprévus. Que faire dans ces deux cas ?

Dans la première hypothèse le Gouvernement a, théoriquement, deux moyens pour se créer des ressources : le plus simple est d'augmenter, dans l'intérêt du service en souffrance, les crédits primitifs ; l'autre moyen consiste à retrancher quelque chose à telle ou telle branche des services et à transporter cet excédant au service qui en a besoin. C'est ce qu'on appelle un *virement*.

Quant aux nécessités urgentes et imprévues qui peuvent surgir tout à coup dans le courant d'un exercice, il n'y a qu'un moyen d'y faire face, c'est d'obtenir un crédit extraordinaire.

De ces trois procédés, deux seulement sont autorisés par nos lois financières actuelles : le *crédit supplémentaire* pour les services mal pourvus, le *crédit extraordinaire* pour les dépenses imprévues. A ce sujet, une question délicate se présente : dans quelle mesure le Gouvernement pourra-t-il s'ouvrir à lui-même des crédits supplémentaires ? Dans quelle mesure le pouvoir législatif devra-t-il intervenir ?

Le principe en vigueur aujourd'hui c'est qu'une loi est nécessaire pour ouvrir au pouvoir exécutif des crédits supplémentaires ou extraordinaires[1]. Mais il peut se faire que la nécessité de ce crédit nouveau se fasse sentir précisément pendant l'intervalle des sessions du corps législatif. La loi du 16 septembre 1871 n'a pas pu dans ce cas refuser au Gouvernement une certaine liberté d'action ; elle lui laisse alors la faculté d'étendre lui-même ses crédits, mais en prenant soin de limiter étroitement ce droit par des restrictions énergiques. Il faut, pour que des crédits *supplé-*

1. Loi du 16 septembre 1871.

mentaires puissent être ouverts par le Gouvernement :

1° Que l'Assemblée ne soit pas réunie à ce moment.

2° Que les décrets ouvrant ces crédits aient été délibérés en conseil des ministres de façon à engager la responsabilité du ministère tout entier.

3° Qu'ils soient rendus en Conseil d'Etat.

4° Les dépenses auxquelles ces crédits peuvent être affectés sont énumérées et limitativement déterminées par la loi. Ce sont en général des services indispensables et dont l'exécution ne souffre aucun délai.

5° Enfin, dans la première quinzaine de la plus prochaine session, le crédit nouveau doit être soumis à l'approbation de l'Assemblée.

Les conditions sont les mêmes lorsqu'il s'agit pour le Gouvernement d'ouvrir des crédits extraordinaires, avec cette différence toutefois qu'au lieu de préciser les dépenses qui pourront donner lieu à l'ouverture de ces crédits, la loi exige seulement que ces dépenses aient un caractère tel qu'il a dû être impossible de les prévoir lors de la discussion du budget.

Sous la monarchie constitutionnelle et durant les premières années du second Empire, le Gouvernement pouvait, comme aujourd'hui, ouvrir des crédits supplémentaires sauf approbation ultérieure des assemblées législatives. En 1861, on vit un spectacle curieux : le Gouvernement prit l'initiative de demander lui-même son interdiction sur ce point. Un mémoire célèbre du ministre des finances de cette époque[1] expose à l'Empereur le danger qu'il y a pour un Gouvernement, à pouvoir décréter librement des dépenses nouvelles sans le consentement préalable du pouvoir législatif. Le Gouvernement renonçait ainsi spontanément au pouvoir d'ouvrir des crédits supplémentaires ou extraordinaires dans l'intervalle des sessions législatives. Cette abdication fut consacrée par un sénatus-consulte.

Toutefois, en perdant ce droit important, il en conservait un autre qu'il possédait depuis son origine, c'était le droit de virement. Tant que le vote du budget avait eu lieu par ministères, c'est-à-dire jusqu'à cette même année 1861, le droit de virement était sans intérêt pour le Gouvernement, car il se confondait avec la faculté qui lui était laissée de se mouvoir à son gré dans l'intérieur d'un même ministère, où le vote législatif ne pénétrait pas. Mais il devint un instrument puissant entre ses mains le jour où le sénatus-consulte de 1861 consacra le vote du budget par sections; car avec le droit de transporter le crédit voté par le corps législatif pour un service à un service différent, le Gouvernement pouvait à son gré modifier un vote acquis et porter ainsi atteinte à la volonté législative.

1. M. Fould : Mémoire présenté à l'Empereur en séance du Conseil privé, le 12 novembre 1861.

On a remarqué que le pouvoir législatif concède assez volontiers aux gouvernements la faculté d'ouvrir sans lui des crédits supplémentaires, et qu'il est moins disposé à leur laisser le droit de virement. Cette tendance est facile à justifier. Lorsqu'un Gouvernement a le droit d'ouvrir des crédits supplémentaires, il lui arrivera sans doute d'augmenter certaines dépenses au delà des prévisions législatives ; mais, à l'inverse, si les allocations votées excèdent les besoins réels d'un service, cet excédant sera une économie pour le Trésor. Mais quand un ministre a la faculté de transporter cet excédant d'un chapitre à un autre, il n'a garde d'y manquer, car il enrichit de cette façon un service insuffisamment pourvu ; on peut donc considérer le droit de virement comme un obstacle à l'économie, comme une excitation à la dépense. On peut craindre d'ailleurs qu'avec le droit de virement il y ait moins de sincérité de la part des ministres lorsqu'ils présentent le budget au vote législatif. En vue d'augmenter les ressources d'un chapitre dont ils n'oseraient pas ostensiblement grossir le chiffre outre mesure, ils peuvent être tentés d'exagérer les besoins de tel ou tel autre service, de façon à pouvoir, le moment venu, reporter tout cet excédant prévu sur le service qu'ils veulent enrichir. Enfin et surtout, le droit de virement présente ce grave inconvénient, de modifier le vote du pouvoir législatif.

Voté une première fois par le Corps législatif,

augmenté après coup par les crédits supplémentaires ou extraordinaires, le budget peut être encore profondément modifié par des *rectifications*. Le *budget rectificatif* n'est autre que le budget primitif, revu et remanié dans son ensemble en cours d'exercice par l'Assemblée législative. Le pouvoir législatif a seul qualité pour voter le budget rectificatif.

Telle est l'économie générale d'un budget. Il ne suffit pas, si l'on veut s'en rendre un compte exact, de le prendre à sa naissance, c'est-à-dire au moment où il vient d'être voté; il faut le suivre à travers toutes les transformations qu'il peut subir dans le cours d'un exercice et auxquelles participent, quoique dans des mesures différentes, le pouvoir qui fait les lois et celui qui les applique.

DU TRÉSOR
CONSIDÉRÉ COMME DÉBITEUR.

Le Trésor, en vertu de la loi de finances qui lui ouvre des crédits, a des dépenses à effectuer. L'entretien des forces de terre et de mer, la nécessité de pourvoir à toutes les fonctions publiques, l'entreprise des grands travaux d'utilité générale, en un mot, l'exécution des différents services que nécessite la bonne administration d'un grand pays, ont pour effet plus ou moins direct de constituer l'État débiteur envers les particuliers qui lui ont consacré leur temps ou leur industrie.

Nous n'avons pas à rechercher ici quels sont les actes de nature à faire naître des obligations à la charge du Trésor. Ce serait passer en revue, sans intérêt pour notre sujet, tous les services dont la nomenclature se trouve écrite dans les budgets. On peut toutefois ramener ces obligations aux grandes divisions du droit civil et reconnaître qu'elles dérivent, comme celles d'un particulier, de *contrats*, de *quasi-contrats* ou de *quasi-délits*. Le *délit* proprement dit, qui suppose chez son auteur l'intention de causer un dommage à autrui, n'est pas une source d'obligations possible pour l'État, parce que l'État, se trouvant par son existence même le protecteur naturel de tous ses membres, est présumé incapable de vouloir leur nuire intentionnellement.

On peut citer, comme exemples de contrats créant des obligations à la charge du Trésor : les divers marchés de fournitures, les adjudications d'entreprises de travaux publics, les acquisitions de meubles ou d'immeubles, les emprunts de diverses sortes et aussi la nomination à des fonctions rétribuées, l'allocation d'un traitement ou l'institution d'une pension.

Le quasi-contrat de gestion d'affaires, et celui de payement de l'indu engendrent également des obligations à la charge de l'État ; il est tenu, en effet, de rembourser les dépenses utilement faites par celui qui, sans mandat spécial, aurait administré une affaire pour son compte; il est tenu de la même façon de rembourser les sommes qui ont été indûment versées entre ses mains par quelqu'un qui se croyait son débiteur.

Enfin, tous les jours l'État répare des dommages causés par son fait, par exemple dans l'exécution des travaux d'utilité publique. Il est tenu alors en vertu d'un quasi-délit.

— Écartant ces distinctions purement doctrinales, nous supposerons l'obligation née, le Trésor débiteur en présence de son créancier, et nous nous demanderons par quelle série d'opérations devra passer cette créance avant d'être acquittée.

CHAPITRE PREMIER.

LIQUIDATION DES DETTES DE L'ÉTAT.

La liquidation, entendue dans son sens étroit, est une opération, préalable à tout payement, qui comprend d'une part la vérification matérielle du titre présenté par le créancier, de l'autre la constatation même de son droit.

L'Assemblée nationale de 1789, voulant mettre un terme au désordre financier qui fut l'une des causes de la Révolution, posa le principe constitutionnel de la liquidation préalable de toutes les dettes de l'État. Elle en fit d'abord une attribution du pouvoir législatif : « Nulle créance sur le Trésor public ne peut être admise parmi les dettes de l'État qu'en vertu d'une loi[1]. » Cette attribution passa plus tard au pouvoir exécutif et le décret de 1862, portant règlement général sur la comptabilité publique, confirme définitivement le droit de l'administration en matière de liquidation : « Aucune créance ne peut être liquidée à la charge du Trésor que par l'un des ministres ou par ses délégués[2]. »

Chaque ministre est le liquidateur des dépenses relatives aux services compris dans son département. Le ministre des finances a, de plus, une attribution générale : il est compétent pour toutes les créances qui ne peuvent pas se rattacher à un service spécial.

— Le créancier qui se présente à la liquidation doit, avant tout, fournir des titres susceptibles de prouver son droit. De là une double condition :

D'abord que les pièces présentées ne soient ni fausses ni altérées. Il existe à cet égard un arrêté du 5 brumaire an X, qui porte que toute pièce produite à la liquidation qui sera reconnue fausse ou altérée, ne pourra être rendue aux parties, et qu'il sera sursis à la liquidation jusqu'à ce qu'il ait été statué par le Gouvernement, sur le rapport qui devra lui être fait par le ministre.

Il résulte de là que si, à la suite du rapport, des poursuites sont dirigées contre la personne

1. Art. 1, L. 17 juillet 1790.
2. Art. 62, décret du 31 mai 1862.

qui aura tenté de faire usage de la pièce arguée de faux, aucune liquidation ne pourra avoir lieu avant l'issue de la procédure.

Il faut, en outre, que ces pièces soient suffisantes par elles-mêmes pour justifier du droit. Mais comme rien ne serait plus incertain qu'une pareille appréciation laissée ainsi à l'arbitraire de chaque ministre, et comme il pourrait se faire que la Cour des comptes, venant à contrôler la dépense, appréciât autrement le mérite des pièces destinées à en justifier, chaque ministre a dû, d'accord avec le ministère des finances, publier une *nomenclature* des pièces justificatives à présenter pour chaque nature de créances. Une ordonnance du 14 septembre 1822 a même fixé les bases générales de ces nomenclatures.

— Les pièces une fois présentées, le créancier doit faire reconnaître l'existence même et fixer la quotité de ses droits. Ici plusieurs hypothèses peuvent se présenter.

D'abord, on peut supposer que le ministre s'abstienne de se prononcer et ne réponde pas à la demande de liquidation. Pour peu que la partie ait eu le soin, en remettant ses pièces justificatives, de se faire délivrer un récépissé[1], elle pourra, dans les quatre mois de la date de ce récépissé, saisir la juridiction compétente, comme s'il y avait

____

1. Art. 137, 2°, décret du 31 mai 1862.

eu de la part du ministre un refus formel de liquider[1].

Il peut se faire, en second lieu, que le ministre
se refuse à reconnaître la prétention du particulier.

Il est possible encore qu'il y ait désaccord, non
pas sur l'existence même, mais sur la quotité du
droit, c'est-à-dire sur le chiffre de la créance.

Dans les deux cas le créancier n'a qu'à s'adresser au juge déterminé par la nature du débat,
car le pouvoir attribué au liquidateur ne peut
pas porter atteinte à celui des différentes juridictions chargées de reconnaître et de faire exécuter
les droits et les obligations des particuliers.

Quelle sera la juridiction compétente en cas de
contestation ? En principe, c'est le Conseil d'État,
mais des lois spéciales peuvent avoir attribué la
compétence à d'autres juridictions.

Ainsi, en cas d'expropriation pour cause d'utilité publique, si l'administration ne se met pas
d'accord avec l'exproprié sur le chiffre de l'indemnité, c'est le jury d'expropriation qui sera
compétent[2].

S'agit-il, en matière de travaux publics, de torts
et dommages provenant, non pas du fait de l'administration, mais du fait personnel des entrepreneurs, il faudra s'adresser au conseil de préfecture[3].

1. Décret du 2 nov. 1804.
2. L. 3 mai 1841.
3. L. 28 pluv. an VIII.

C'est lui qui serait également compétent en cas de contestation entre les entrepreneurs de travaux publics et l'administration. S'agit-il d'une lettre portant *valeur déclarée* et perdue par la négligence de l'administration des postes, le particulier lésé, s'il ne peut obtenir directement une indemnité de l'administration, devra s'adresser au tribunal civil[1].

Ce qu'il est important de remarquer, c'est que dans ces différentes hypothèses, si le réclamant triomphe devant le juge compétent, il n'en devra pas moins revenir devant l'autorité chargée de liquider les dettes de l'État.

Mais lorsqu'un tribunal de l'ordre administratif ou judiciaire s'est prononcé en reconnaissant le droit de la partie, à quoi sert-il de revenir encore au ministre pour obtenir de lui la liquidation? Cette formalité ne fait-elle pas alors double emploi et a-t-elle quelque importance en présence de la décision d'une juridiction compétente?

Si la liquidation des dettes de l'État n'avait d'autre objet que d'écarter celles qui ne sont pas justifiées par des titres réguliers ou conformes aux nomenclatures ministérielles, on comprendrait que l'autorité administrative, après un jugement définitif obtenu par la partie, n'eût plus qu'à s'exécuter, comme le fait un particulier qui a perdu un procès.

[1]. L. 4 juin 1859.

Mais il faut se rappeler un principe fondamental qui découle de la séparation des pouvoirs publics : c'est que chaque autorité doit se renfermer rigoureusement dans l'examen des questions et dans l'application des règles qui rentrent dans son domaine. La juridiction saisie d'une réclamation dirigée contre l'État n'a pu, dans l'examen de cette réclamation, sortir des limites de son ressort. Elle n'a eu qu'à juger la valeur du titre en lui-même et à déterminer le montant de la créance; mais la liquidation des dettes de l'État et toutes les questions qui s'y rattachent appartiennent exclusivement à la compétence administrative. Le juge n'a point eu à se demander si la réclamation du créancier s'était produite en temps utile, dans le délai de rigueur que des lois spéciales ont dû rendre très-court pour des raisons qui tiennent à l'ordre établi dans nos finances; en d'autres termes il n'a point eu à connaître de la question de déchéance. Cette question reste donc entière. Le jugement ne fait point obstacle à ce qu'elle soit examinée par le ministre avec une parfaite liberté.

Vainement objecterait-on que la condamnation prononcée contre l'État avait fait novation dans le titre originaire du créancier, et qu'il n'y a plus à s'occuper de ce titre primitif, lequel est désormais anéanti et remplacé par le droit nouveau, né du jugement. C'est un principe fondamental que les jugements sont purement récognitifs et nullement constitutifs de droits, en sorte que le ministre liquidateur peut toujours rechercher l'origine et le point de départ de la créance, et lui appliquer l'exception qu'il aurait pu lui opposer avant l'introduction de l'instance.

Cette solution, outre qu'elle est consacrée par la jurisprudence du Conseil d'État[1], peut encore s'appuyer sur l'autorité de la Chambre des pairs[2].

Cette jurisprudence cependant a soulevé une objection : la déchéance, dit-on, n'est autre chose, en définitive, qu'une courte prescription établie dans l'intérêt de l'Etat. Or il résulte des règles du droit civil sur la prescription (art. 2224 C. civil) qu'elle peut bien être opposée en tout état de cause, mais qu'elle ne saurait l'être après un jugement passé en force de chose jugée. Quand donc l'État, actionné, n'a pas cru bon d'opposer à temps la prescription spéciale établie en sa faveur, il ne peut plus le faire après coup. Et s'il en est ainsi quand il s'est abstenu, à bien plus forte raison faudrait-il décider de même, s'il avait opposé la déchéance pendant l'instance et que le tribunal l'eût rejetée. Il est bien évident que dans ce cas le jugement a frappé sur la déchéance même, puisqu'elle a été débattue et repoussée.

1. C. d'État, arr. 8 janv. 1836, C{ne} de Richebourt; 25 avril 1837, C{ne} d'Arc; 19 avril 1838, Dargaud; 19 déc. 1839, dame Mathieu; 26 juin 1845, C{ne} de Voreppe; 8 fév. 1855, C{ne} de Prétin.

2. Séance du 4 février 1841.

Dans ce système, la liquidation du droit après un jugement obtenu par le créancier ne présenterait plus guère d'utilité. Il serait infiniment rare, pour ne pas dire impossible, que des créances ainsi revêtues de l'autorité de la chose jugée pussent encore être repoussées pour insuffisance ou irrégularité des pièces présentées, et, dès lors, il n'y aurait plus qu'à supprimer comme superflue, dans cette hypothèse spéciale, la formalité de la liquidation.

La Cour de cassation, par un arrêt solennel du 7 décembre 1839, a fait la distinction suivante : Si la déchéance n'a pas été opposée devant les tribunaux, rien n'empêche qu'elle le soit par l'autorité administrative, car il n'y a pas autorité de chose jugée sur ce point. Mais il en est autrement dans le cas contraire, si elle a été proposée et rejetée par un jugement ou un arrêt définitif, parce qu'alors la chose jugée tombe directement sur cette exception. Bien que l'autorité judiciaire fût incompétente pour en connaître, sa décision, qui n'a pas été attaquée en temps utile, n'en doit pas moins être respectée.

Le Conseil d'État[1] s'est rallié à cette distinction, comme tempérant ce qu'il y avait d'excessif dans la jurisprudence antérieure.

— Une question non moins délicate est celle de savoir quelle est la nature propre de la liqui-

---

1. Arrêt du 17 mai 1855, hér. Benech.

dation ; est-ce un acte de juridiction contentieuse ? est-ce un acte purement administratif ?

La généralité des auteurs estime que le ministre agit dans l'espèce comme juge. Cette opinion se fonde sur trois raisons principales :

1° On est parti de cette idée préconçue qu'il faut trouver dans l'ordre administratif, comme dans l'ordre judiciaire, deux degrés de juridiction. Or, le Conseil d'État étant ici juge d'appel, quel sera le juge du premier degré si ce n'est le ministre liquidateur ?

Mais le principe des deux degrés de juridiction, généralement vrai dans l'ordre judiciaire, n'a été consacré pour les questions administratives par aucune disposition générale. D'ailleurs le législateur a bien pu y déroger dans certains cas, et c'est ce qu'il a fait, pensons-nous, en matière de liquidation des dettes de l'État.

2° On s'est laissé tromper par les effets des décisions ministérielles ; elles ont le même effet que les jugements : elles sont exécutoires et emportent hypothèque et l'acte législatif qui leur a attribué cette force exécutoire en a lui-même tiré la conséquence erronée que c'étaient des jugements. L'avis du conseil d'État du 16 thermidor an XII, approuvé le 25 et inséré au *Bulletin des lois* en 1812, renferme en effet ce motif : « Considérant que les administrateurs auxquels les lois ont attribué, pour les matières qui y sont désignées, le droit de prononcer des condamnations ou de décerner des contraintes, sont de véritables juges... »

A notre sens le motif généralise beaucoup trop : car la conséquence en serait qu'on devrait considérer comme des juges, non-seulement le maire, décernant des contraintes en vertu de l'article 63 de la loi du 18 juillet 1837, et en vertu de l'article 13 de la loi du 7 août 1871, mais chaque receveur d'enregistrement, chaque receveur de douane, chaque receveur de contributions indirectes, qui tous décernent également des contraintes rendues exécutoires par le juge de paix. On a compris de bonne heure qu'il était impossible d'aller jusque là, et la Cour de cassation, malgré les termes généraux de l'avis du 16 thermidor an XII, a été jusqu'à juger que les contraintes de l'enregistrement n'emportaient pas hypothèque.

3° Enfin on a été trompé par l'existence d'un délai donné pour attaquer les décisions ministérielles, contre lesquelles il faut nécessairement réclamer dans les trois mois, conformément à l'article 11 du décret du 22 juillet 1806.

Mais l'obligation de réclamer contre un acte administratif dans un délai déterminé n'implique pas que cet acte ait le caractère d'un jugement. En voici la preuve : les contribuables doivent également dans le délai de trois mois former leurs réclamations contre les rôles des contributions directes : pourtant personne ne voit des jugements dans ces rôles.

Si maintenant nous considérons de près l'acte de liquidation, nous n'aurons pas de peine à en saisir la véritable nature. Le ministre, en examinant les pièces produites par le créancier, en fixant le chiffre de la dette, agit comme agirait tout débiteur : il fait un acte de gestion.

Un simple rapprochement en donnera la preuve.

Nous savons déjà que s'il y a perte d'une lettre renfermant des *valeurs déclarées* et que le ministre refuse d'accorder l'indemnité demandée, la contestation rentre dans la compétence des tribunaux civils. Dira-t-on que le ministre, devant qui la partie a porté tout d'abord sa réclamation, a fait fonction de juge ? Non évidemment, autrement il faudrait dire que le tribunal de première instance est tribunal d'appel par rapport au ministre, et personne ne va jusque-là. Or, si dans ce cas particulier il est impossible de donner le caractère d'un jugement à la décision ministérielle, on est nécessairement amené à admettre la même solution dans tous les cas où un ministre est appelé à se prononcer sur la liquidation d'une dette, car il n'est pas admissible que la nature de l'acte puisse varier, suivant que la partie réclame devant telle ou telle juridiction.

L'intérêt de la question que nous venons d'étudier n'est pas purement doctrinal : il est rendu sensible par l'article 11 du décret du 22 juillet 1806 portant règlement sur les affaires contentieuses soumises au Conseil d'État. Aux termes de cet article, le recours au Conseil d'État contre une décision administrative n'est plus recevable après trois mois à compter du jour où cette décision a été notifiée à la partie. Or, supposons que le ministre rejette la demande ou qu'il ne liquide pas au gré du créancier, et que celui-ci, au lieu de se hâter de recourir au Conseil d'État, estime qu'il a été repoussé faute d'avoir produit ses pièces et fourni ses explications, en un mot sans avoir été entendu : il croira devoir *former opposition* devant le ministre qui l'a *condamné par défaut*, et lui adressera en conséquence toutes les productions nouvelles qu'il jugera nécessaires au succès de son affaire. Interviendra alors une seconde décision confirmant la précédente. La partie se décidera enfin à recourir au Conseil d'État ; mais il sera trop tard : elle aura consacré trois mois en vaines réclamations, et le délai donné par la loi pour réclamer devant le Conseil d'État sera expiré. Vainement soutiendra-t-elle, par l'organe de son avocat, que la première décision a été rendue *par défaut*, qu'en conséquence les délais n'ont commencé à courir qu'à dater de la seconde, rendue sur son opposition. On lui répondra précisément qu'il ne s'agit pas ici d'un *jugement*, mais d'un acte de *gestion*, contre lequel l'opposition n'est pas recevable, qu'il fallait se pourvoir dans ce délai préfix de trois mois, dont le point de départ est invariablement fixé au jour où la première décision a été notifiée.

Plusieurs arrêts du Conseil d'État paraissent formels en ce sens, notamment celui du 21 mai 1852 concernant la Compagnie française de filtrage. Cependant on ne peut disconvenir qu'il n'y ait sur ce point quelque incertitude.

Voici un autre intérêt de la question que nous examinons.

Le ministre a refusé de reconnaître à l'amiable le bien fondé d'une demande pour laquelle la compétence appartient au Conseil de préfecture ou au tribunal civil : le créancier qui se croit lésé attaque la décision ministérielle devant le Conseil d'État, juge d'appel par rapport au ministre. Il a tort : le ministre a simplement nié la dette, il n'a point *jugé*. La qualité de *juge* en cette matière appartient à la juridiction du Conseil de préfecture ou à celle du tribunal; il faut s'adresser au juge compétent. D'innombrables pourvois ont été déclarés non recevables pour ce motif.

Enfin, notre système présente cet avantage d'écarter le reproche si souvent adressé à la juridiction administrative, de faire l'administration à la fois juge et partie. On ne comprendrait pas qu'un ministre, s'il avait fait vraiment acte de juridiction, pût encore venir défendre devant le Conseil d'État, comme il a le droit de le faire, les intérêts du Trésor. Admettrait-on, par exemple, que les Conseils de préfecture pussent défendre leurs propres décisions devant le Conseil d'État? Si les ministres concluent, c'est donc qu'ils ne sont pas juges, autrement le reproche que nous venons de rappeler n'aurait jamais été plus fondé.

— L'article 1153 du Code civil est-il applicable en matière de dettes de l'État? En d'autres termes, l'État doit-il les intérêts moratoires en cas de retard dans la liquidation ?

A défaut de texte positif, il faut consulter à cet égard la jurisprudence. Elle distingue : Si le retard provient des embarras inévitables de la liquidation, le créancier n'a pas à réclamer d'intérêts. Mais si le retard provient du fait de l'administration qui élève mal à propos des difficultés, des intérêts seront dus au créancier, mais seulement à compter du jour de la demande qui en sera faite, conformément à l'article 1153 du Code civil[1].

Quant à la procédure même de la liquidation, le règlement sur la comptabilité du ministère des finances du 26 décembre 1866 nous apprend qu'elle a lieu « soit d'office, pour les créances à l'égard desquelles il existe des bases et éléments de liquidation dans les bureaux de l'administration centrale, soit d'après les justifications produites par les créanciers eux-mêmes, ou, dans leur intérêt, par les agents administratifs et autres intervenant à cet effet[2]. »

---

1. Dalloz : Travaux publics, n⁰ˢ 692 et 697. — Cfr. C. d'État, 12 janvier 1854, aff. Birckel; 24 mai 1854, aff. Duval-Vaucluse; 20 juill. 1854, aff. Fabus et consorts C. minist. de la guerre.

2. Art. 59.

Le traitement des fonctionnaires et employés et les émoluments assimilés aux traitements se liquident par mois et sont payables à terme échu. Les états ou décomptes mensuels, dit le même règlement, portent sur le douzième des allocations annuelles. Ces décomptes ont ceci de particulier qu'ils « présentent distinctement les diverses retenues à exercer au profit du Trésor pour le service des pensions civiles ou pour toute autre cause, et font ressortir la somme nette à payer à chaque titulaire[1]. »

CHAPITRE DEUXIÈME.

DE L'ORDONNANCEMENT.

Nous avons posé tout d'abord et suivi dans ses conséquences le principe qui impose aux créanciers du Trésor l'obligation, avant tout payement, de faire reconnaître leurs droits par le ministre liquidateur. La liquidation est terminée et le créancier tient entre ses mains la décision qui, statuant sur sa prétention, fixe la somme qui lui est due.

[1]. Art. 63.

N'a-t-il plus qu'à se présenter aux caisses du Trésor pour obtenir son payement ?

En vertu du droit commun, le créancier muni d'un titre exécutoire peut contraindre son débiteur à s'exécuter ; s'il s'y refuse, il fera saisir ses biens par la force publique et se payera des deniers en provenant. Mais l'État n'est pas un débiteur ordinaire. Le ministre, qui le représente, a le droit et même l'obligation de se refuser dans certains cas déterminés au payement immédiat, même après la liquidation. De là le principe de l'article 82 du décret de 1862 : « Aucune dépense faite pour le compte de l'État ne peut être acquittée que si elle a été préalablement ordonnancée directement par un ministre, ou mandatée par les ordonnateurs secondaires, en vertu de délégations ministérielles. »

On appelle *ordonnancement* l'ordre donné par un ministre à un comptable de deniers publics de payer une somme de, liquidée par lui.

L'acte dans lequel cet ordre est consigné s'appelle une *ordonnance*.

Les ordonnances des ministres sont de deux espèces ; elles se divisent en *ordonnances directes* ou *de payement*, et en *ordonnances de délégation*.

Les ordonnances de payement sont celles que le ministre délivre directement au profit ou au nom d'un ou de plusieurs créanciers de l'État.

Les ordonnances de délégation sont celles par lesquelles un ministre autorise un de ses délégués à disposer d'une portion des crédits dont il est titulaire. Il est impossible en effet dans la pratique, à moins de procéder avec une lenteur excessive, que les ministres ordonnancent eux-mêmes toutes les dettes de l'État. Ils délèguent pour cela leurs pouvoirs à certains subordonnés qui prennent à cette occasion le nom d'*ordonnateurs secondaires*.

Dans le premier cas, le ministre s'adresse directement au comptable des deniers publics, et lui enjoint de payer tel ou tel créancier qu'il désigne. Dans le second cas, il recourt à un intermédiaire.

Celui-ci joue vis-à-vis du comptable le même rôle que le ministre lorsqu'il agit par voie d'ordonnance directe; seulement il n'est ici que le mandataire du ministre. L'acte qu'il délivre n'est plus une *ordonnance*; c'est un *mandat*. Mais au nom près, ces deux actes contiennent l'un et l'autre les mêmes énonciations[1] :

1° Ils indiquent tout d'abord l'*exercice* auquel la dépense appartient.

N'appartiennent à un exercice que les dépenses effectuées dans les douze premiers mois de l'année qui donne son nom à l'exercice. Ainsi, quoique l'exercice 1875 s'étende, comme nous le verrons, quant à la liquidation, l'ordonnancement et le payement, bien au delà de l'expiration de cette année 1875, on ne considérera comme dépenses

____

1. Art. 11, décret de 1862.

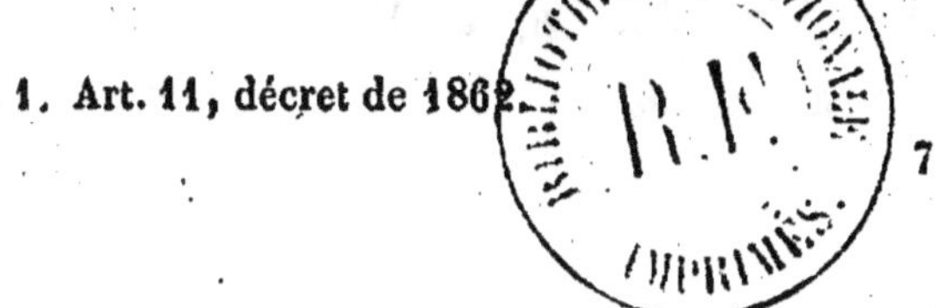

de l'exercice 1875 que celles qui auront été effectuées dans la limite des douze mois de l'année. Une dépense faite le 1er janvier 1876 ne saurait appartenir à l'exercice 1875.

Rien n'est plus simple que cette règle; et cependant il est souvent fort difficile de reconnaître avec exactitude l'exercice auquel il faudra appliquer telle dépense. Ce qu'il faut rechercher, c'est le moment où le service a été effectué et le droit acquis au tiers.

Mais qu'est-ce que les droits acquis? A quel moment les droits sont-ils acquis?

Le règlement spécial du ministère des finances indique les règles à suivre dans quelques cas particuliers.

Ainsi les époques d'échéance des arrérages de rentes et de pensions déterminent l'exercice qui doit en supporter la dépense.

Les prix d'acquisitions d'immeubles s'imputent suivant certaines distinctions :

Lorsqu'il y a eu adjudication publique, d'après la date du jugement ou du procès-verbal d'adjudication ;

Lorsqu'il y a eu acquisition amiable, ou cession amiable après expropriation, d'après la date de l'approbation donnée au contrat, ou d'après celle du contrat en cas d'autorisation préalable;

Lorsqu'il y a eu expropriation non suivie de convention amiable, d'après la date de l'ordonnance du magistrat directeur du jury, dont la délibération a réglé le montant de l'indemnité de l'exproprié.

Toutefois, lorsque les titres d'acquisition stipulent exceptionnellement des termes de payement, l'imputation est déterminée par l'époque des échéances[1].

Le principe que les dépenses n'appartiennent à un exercice qu'autant qu'elles ont été effectuées dans les douze mois de l'année qui donne son nom à l'exercice comporte une exception : on autorise à aller jusqu'au 1er février de la nouvelle année pour les dépenses de matériel dont l'exécution commencée n'aurait pu être terminée avant le 31 décembre précédent par des causes d'intérêt public ou de force majeure. Par exemple, le transport de matériaux a été empêché par la rigueur de la saison.

Ces causes exceptionnelles de retard devront être énoncées dans une déclaration de l'ordonnateur ou de son délégué jointe à l'ordonnance ou au mandat.

2° La seconde énonciation de l'ordonnance doit être celle du crédit ouvert au budget pour la dépense dont il s'agit.

Cette seconde énonciation sert à faire comprendre l'utilité de la première. L'une et l'autre s'expliquent par cette règle de notre législation financière que les crédits ouverts pour les dépenses d'un exercice ne peuvent être employés à l'ac-

1. Art. 13, § 10, Règlement du ministère des finances.

quittement des dépenses d'un autre exercice[1]. En indiquant d'une part l'exercice auquel la dépense s'applique, de l'autre le crédit qui doit couvrir cette dépense, l'ordonnance permet de se reporter au budget et de voir si vraiment tel crédit a été ouvert au service de tel exercice.

3° L'ordonnance énonce enfin le chapitre du budget, et, s'il y a lieu, les subdivisions du chapitre auquel la dépense s'applique.

En comparant ces différentes énonciations de l'ordonnance avec les dispositions du budget auxquelles elles se réfèrent, il sera facile de s'assurer si cette dépense répond bien aux prévisions budgétaires et si le ministre ordonnateur ou son délégué n'a excédé en rien les pouvoirs qui lui ont été conférés par la loi de finances.

— La procédure de l'ordonnancement est assez compliquée.

Toutes les ordonnances ministérielles, *directes* ou de *délégation*, sont d'abord adressées par le ministre ordonnateur et centralisées à la direction générale du mouvement des fonds du ministère des finances. Cette direction est chargée de suivre sur les budgets les crédits législatifs et de vérifier si les ordonnances se sont renfermées : 1° dans les crédits législatifs votés ; 2° dans les distributions mensuelles de fonds opérées par le ministre des finances.

1. Art. 8, D. 1862.

S'il s'agit de payements à effectuer sur la caisse centrale du Trésor, la direction du mouvement des fonds adresse l'ordonnance même de payement, avec toutes les pièces justificatives à l'appui, au caissier central du Trésor.

Mais, s'il s'agit de payement à effectuer dans les départements, ce n'est jamais l'ordonnance même qui est envoyée. On envoie au trésorier-payeur général qui aura à payer, soit sur l'ordre direct du ministre, soit sur un mandat des ordonnateurs secondaires, *des extraits* ou *avis speciaux* contenant toutes les indications qui lui permettent de payer en connaissance de cause :

S'agit-il d'une ordonnance directe, l'extrait lui fera connaître le nom de la partie prenante, la somme qu'il aura à payer, et les pièces justificatives qui lui sont adressées, annexées à l'extrait de l'ordonnance. Ces pièces, qui ont servi déjà à la liquidation, serviront aussi à éclairer le comptable sur la validité du payement qu'il fait.

S'agit-il d'une ordonnance de délégation, il suffira que le comptable connaisse, par l'extrait qui lui est envoyé, le nom de l'ordonnateur secondaire qui délivrera contre lui le mandat, le montant du crédit qui sera délégué à cet ordonnateur secondaire, le nombre et la nature des pièces qui pourront être exigées pour le payement.

Dans les deux cas le comptable est renseigné sur ce qu'il doit faire.

Quant à la partie intéressée, elle recevra, s'il s'agit d'une ordonnance directe, une *lettre d'avis* émanant de l'administration centrale, contenant extrait de l'ordonnance et en tenant lieu, et destinée à l'accréditer auprès des agents comptables du Trésor public sur la caisse desquels les payements sont assignés ; s'il s'agit d'une ordonnance de délégation, *un mandat* de payement qui émane cette fois de l'ordonnateur secondaire, agissant en vertu des crédits qui lui ont été délégués par l'autorité supérieure. Celui-ci a dû recevoir au préalable une lettre d'avis semblable à celle qui est envoyée aux parties dans l'hypothèse d'une ordonnance directe, et destinée à lui faire connaître le crédit mis à sa disposition par le ministre. Ainsi, en même temps que les payeurs sont avertis des crédits ouverts sur leur caisse au compte des ordonnateurs secondaires, ceux-ci reçoivent avis du montant des crédits dont ils peuvent disposer sur la caisse de ces comptables. C'est en vertu de ces avis qu'ils peuvent délivrer les mandats sur les caisses des trésoriers-payeurs généraux[1].

Aux termes de l'article 85 du décret de 1862, les mandats délivrés par les ordonnateurs secondaires étaient soumis au visa préalable du trésorier-payeur général dans un cas unique, lorsque

---

1. V. le Règlement du ministère des finances.

ces mandats étaient payables hors de la résidence du trésorier-payeur général.

Cette disposition a été généralisée par un décret du 1er mai 1867 et étendue au cas même où les mandats sont payables au chef-lieu. Ainsi, au lieu d'être remis immédiatement à la partie par l'ordonnateur secondaire, le mandat est envoyé en premier lieu au trésorier-payeur général qui appose son visa avec ces mots : *bon à payer*. C'est seulement après cette formalité que le mandat, renvoyé à l'ordonnateur secondaire, est enfin délivré à la partie, qui pourra, dès lors, se présenter sans crainte aux caisses du comptable. L'avantage de cette innovation, c'est de permettre au trésorier-payeur général, qui a, dans tous les cas, le droit de se refuser à déférer aux ordres de l'ordonnateur quand il les croit mal fondés, de vérifier d'avance, les pièces en main, s'il convient de payer. De cette façon, s'il s'élève quelque contestation entre l'ordonnateur et lui, tout se passera en dehors de la partie et les difficultés seront aplanies le jour où celle-ci viendra se faire payer avec son mandat.

En résumé :

Des *extraits* ou *avis spéciaux* sont envoyés dans tous les cas aux comptables payeurs.

Des lettres d'avis sont délivrées :

1° En ce qui concerne les ordonnances de payement, aux titulaires de créances, pour les accréditer auprès des agents comptables du Trésor public;

2° En ce qui concerne les ordonnances de délégation, aux ordonnateurs secondaires, pour leur faire connaître les crédits mis à leur disposition.

Ceux-ci, à leur tour, délivrent aux ayants droit, au fur et à mesure des payements à effectuer, des mandats sur les caisses du Trésor.

— Quelles sont les règles qui président à l'ordonnancement?

A. Toute ordonnance doit porter sur un crédit régulièrement ouvert; nous savons en effet que jamais un ministre ne pourrait donner l'ordre de payer une dépense non prévue au budget, ou excédant les allocations fixées.

Mais ce n'est pas tout; il doit encore, dans les ordonnances qu'il délivre « se renfermer dans les limites des distributions mensuelles de fonds[1]. » Que faut-il entendre par là?

On comprend facilement que si un ministre pouvait, même en se renfermant dans la limite des crédits qui lui sont ouverts, délivrer autant d'ordonnances à la fois qu'il a de créanciers à payer, il pourrait se faire que ceux-ci se présentant en foule au Trésor, celui-ci ne pût faire face à toutes ces demandes et se mît en état de faillite. Il faut donc attendre que les recettes aient le

1. Art. 83, décret de 1862.

temps d'entrer peu à peu dans les caisses du Trésor, de façon qu'il puisse s'établir un certain accord entre les rentrées qui s'effectuent et les payements à faire. C'est le ministre des finances qui fait cette appréciation. Principal dispensateur des deniers de l'État, il prépare chaque mois un décret indiquant pour chaque ministère la somme jusqu'à concurrence de laquelle ce ministère pourra faire usage des crédits qui lui sont ouverts. Il se fonde pour cela sur les rentrées qui s'effectuent.

Si donc un ministre déclare à un créancier du Trésor qu'il ne lui a pas été alloué de fonds ou qu'ils sont épuisés, force est au créancier d'attendre que le Gouvernement se procure les ressources qui lui manquent. Aucun recours n'est ouvert contre le refus ou le retard qu'il éprouve. L'impossibilité où se trouve le ministre de dépasser les crédits régulièrement ouverts ou même les distributions mensuelles de fonds résulte, pour lui, des lois fondamentales.

B. Les ordonnancements, pour chaque exercice, doivent s'effectuer dans un certain délai.

Nous avons vu que la période de temps pendant laquelle doivent se consommer les dépenses de chaque exercice comprend, sauf un cas exceptionnel, les douze mois de l'année qui donne son nom à l'exercice. Elle s'étend bien au delà quant à la liquidation et à l'ordonnancement de ces dépenses. Ces deux opérations peuvent avoir lieu jusqu'au 31 juillet de la seconde année.

Nous verrons les conséquences et la sanction de ce principe en étudiant les dépenses d'exercices clos.

CHAPITRE TROISIÈME.

DU PAYEMENT.

I

Telles sont les précautions dont l'État a cru devoir s'entourer avant de se libérer envers ses créanciers. Quand il s'est assuré de la légitimité de leurs prétentions et de l'existence dans les caisses du Trésor de fonds suffisants pour s'acquitter, il leur permet enfin d'obtenir leur payement.

Le payement a lieu par l'intermédiaire d'agents spécialement chargés du maniement des deniers publics et entièrement distincts de ceux qui délivrent les ordonnances ou les mandats. C'est, en effet, un principe fondamental de nos

1. Art. 17 du décret de 1862.

institutions financières que les fonctions d'ordonnateur et de comptable sont incompatibles et ne peuvent résider en la même personne.

Ce n'est point ici le lieu d'énumérer les nombreuses catégories de comptables qui peuvent avoir à opérer des payements pour le compte de l'État.

On peut les définir seulement d'une façon générale : des agents placés sous les ordres du ministre des finances, nommés par lui, responsables envers lui de leur gestion et justiciables de la Cour des comptes.

— Aux termes de l'article 90 du décret de 1862 sur la comptabilité publique, les ordonnances et les mandats doivent être acquittés dans les *délais* et dans les *lieux* déterminés par l'ordonnateur.

Le lieu de payement est en général, pour une dépense de matériel, celui où le service a été exécuté. D'ailleurs, et dans tous les cas, un créancier du Trésor peut, moyennant certaines formalités obtenir un changement d'assignation du lieu de payement. Les formalités qu'on exige de lui en pareil cas ont pour objet de l'empêcher de se dérober aux oppositions qui pourraient être formées contre son payement.

L'ordonnance ou le mandat détermine aussi l'époque à partir de laquelle le payement pourra être obtenu, *dies a quo*. Ce délai, fixé originairement à trente jours à partir de la date des ordonnances ou mandats, peut, selon les circonstances, être réduit par le ministre, ou, sur son autorisation, par l'ordonnateur secondaire.

Le créancier est tenu en outre de demander son payement dans un certain délai, *dies ad quem.*

Nous avons vu qu'il peut être délivré des ordonnances et des mandats jusqu'au 31 juillet de la seconde année de l'exercice; les payements peuvent avoir lieu jusqu'au 31 août de cette seconde année; c'est la dernière limite de l'exercice. Faute par les créanciers de demander leur payement dans ce délai, les ordonnances et mandats délivrés à leur profit seront annulés. Toutefois, nous verrons que leurs droits ne sont point pour cela anéantis.

Les notions qui précèdent suffisent à faire ressortir l'infériorité qui est faite aux créanciers de l'État quand on compare leur situation à celle des créanciers ordinaires ayant à exercer leurs droits contre de simples particuliers. Lorsque ceux-ci ont fait reconnaître leur prétention, ou lorsqu'ils sont munis de titres exécutoires, ils n'ont qu'à se faire payer ou à faire vendre les biens de leur débiteur. Ici, au contraire, le créancier fût-il muni d'un jugement passé en force de chose jugée, est loin d'avoir surmonté tous les obstacles qui s'opposent au payement. Il faut encore qu'il fasse liquider son droit par l'autorité administrative; cette liquidation l'expose à certaines déchéances que des lois spéciales ont établies en faveur de l'État. Ce n'est pas tout : obtient-il sa liquidation, l'ordonnancement de sa créance peut encore être retardé par l'insuffisance des crédits disponibles et même, dans certains cas, rendu absolument impossible.

Enfin tient-il entre les mains son ordonnance de payement ou son mandat, il faut encore qu'il se hâte, car il se trouve renfermé entre deux termes : celui avant lequel il est trop tôt; celui après lequel il est trop tard pour se faire payer. Dans ce dernier cas, il est vrai, son droit n'est pas anéanti; mais ce sont de nouvelles formalités à remplir, et de nouvelles difficultés à surmonter.

Ces inconvénients, si réels qu'ils soient, sont largement compensés par l'avantage que trouvent les créanciers dans la solvabilité de l'État. Cette présomption de solvabilité est si forte, qu'on a toujours repoussé, comme incompatible avec le principe de l'autorité de l'État, l'existence au profit des créanciers du Trésor de droits réels pouvant grever les biens appartenant à l'État. Ainsi l'État n'a et ne peut pas avoir de créanciers hypothécaires ou privilégiés et il ne peut être question d'aliénations forcées, poursuivies à la requête de ses créanciers, comme s'il s'agissait de biens appartenant à des particuliers.

En second lieu, si la rapidité du payement est quelquefois retardée, c'est qu'il importait d'entourer le Trésor de garanties capables d'assurer la stricte exécution des volontés législatives, et d'empêcher à jamais le retour du désordre financier qui a précédé la législation actuelle.

* * *

II

DES CAUSES QUI PEUVENT SUSPENDRE OU EMPÊCHER LE PAYEMENT.

La mission des comptables ne se borne pas à l'opération matérielle du payement. Elle consiste principalement à s'assurer de la régularité des ordonnancements et de la justification complète des dépenses. Ce sont eux, en effet, et non pas les ordonnateurs, qui sont responsables des payements ; un payement indûment fait peut donner lieu, après la décision de la cour des comptes, à des mesures contre le comptable, indépendamment du recours de l'administration contre la partie prenante.

Quels sont les cas où le comptable doit refuser le payement ?

C'est en premier lieu celui où il y a *irrégularité matérielle* dans les pièces présentées. Il y a irrégularité matérielle, soit quand les indications de noms, de service ou de sommes portées dans l'ordonnance ou le mandat, ne sont pas d'accord avec celles qui résultent des pièces justificatives qui s'y trouvent annexées; soit quand ces pièces ne sont pas conformes aux nomenclatures. Nous savons, en effet, que des nomenclatures ministé·

rielles énumèrent les pièces à présenter pour chaque nature de créances. (Voir page 83.)

C'est, en second lieu, le cas où il y a *omission* dans les pièces produites, c'est-à-dire où toutes les pièces exigées par les nomenclatures ne sont pas présentées.

Dans ces deux hypothèses le comptable déclare qu'il se refuse à payer. Si, malgré cette déclaration, l'ordonnateur requiert par écrit qu'il doit être passé outre au payement, le comptable doit s'exécuter. Seulement la responsabilité dès ce moment se déplace et se reporte sur l'ordonnateur. Le comptable se trouve à couvert par la réquisition du ministre ou de son délégué. Si l'on a laissé le dernier mot à l'ordonnateur en pareil cas, c'est qu'étant, par lui-même ou par l'autorité qu'il représente, l'auteur des nomenclatures qui énoncent les pièces à présenter, il est naturel qu'on lui laisse la faculté d'apprécier si les pièces fournies par le créancier, bien que non conformes en tous points aux nomenclatures, sont néanmoins suffisantes pour justifier de son droit.

Le comptable a dû rendre compte au ministre des finances de son refus de payer et en donner le motif. L'ordonnateur secondaire, de son côté, rend compte à son ministre de sa réquisition.

— Les choses ne se passent pas toujours ainsi, et il est des cas où le comptable, nonobstant toute réquisition, n'a pas le droit de passer outre au payement :

Il va sans dire, en premier lieu, qu'il ne doit pas payer s'il n'y a pas *justification d'un service fait, exécuté*. Ainsi, en matière de travaux publics, il est indispensable que l'entrepreneur présente, parmi les pièces justificatives, le procès-verbal constatant la réception des travaux, ou bien, s'il se présente au payement en cours de travaux, le décompte mensuel des ouvrages exécutés. S'agit-il de marchés de fournitures, le fournisseur devra justifier par les pièces qu'il présente que la marchandise a été réellement fournie.

C'est vainement, si ces pièces faisaient défaut, qu'une réquisition serait faite au comptable de passer outre au payement. Celui-ci en payant par réquisition engagerait gravement sa responsabilité. Il doit tout d'abord en référer au ministre; ce n'est que sur l'ordre de celui-ci qu'il doit exécuter le payement, car il se trouve alors à couvert derrière la responsabilité ministérielle.

— Remarquons en passant, et sans insister, qu'exceptionnellement certains services peuvent être acquittés sans qu'il y ait à justifier de leur exécution. Ces exceptions s'appliquent aux *avances de fonds* faites à certains comptables et au service des *traites de la marine*.

— Il doit également se refuser au payement, s'il n'y a pas *disponibilité de crédit* sur telle dépense. Comment faut-il entendre cette règle? Comment saura-t-il si tel crédit est épuisé ou ne l est pas? Il faut, à cet égard, user de distinctions :

S'agit-il d'une ordonnance directe, émanée par conséquent du ministre? Le comptable n'a aucun élément qui lui permette de savoir par lui-même si le payement qu'il va faire sur cette ordonnance excède ou non les crédits ouverts au budget. Sans doute, s'il était seul chargé du payement de telle dépense, il saurait, en comparant le montant du crédit ouvert au budget avec les sommes déjà payées par lui, quel est le moment précis où il devra cesser ses payements, sous peine d'excéder les allocations. C'est ce qui arrive pour les comptables des communes et des lycées qui n'ont qu'un seul comptable. Mais quand il y a, comme pour les dépenses de l'État, sept ou huit cents comptables appelés à faire des payements, chacun d'entre eux est dans l'impossibilité de vérifier par lui-même la situation du crédit et de constater le moment où le crédit sera près d'être épuisé. Mais il ne faut pas oublier que toutes les ordonnances avant d'être délivrées aux comptables sont envoyées et vérifiées à la direction du mouvement des fonds du ministère des finances. Grâce à cette concentration, la direction suit facilement la marche des crédits; elle avertit les comptables quand les crédits sont épuisés et veille à ce qu'ils ne payent pas ; elle autorise les payements tant que ces crédits sont disponibles.

Mais le cas où le comptable aura à appliquer

la règle qui lui défend d'excéder les crédits disponibles, c'est celui où un trésorier-payeur général reçoit d'un ordonnateur secondaire un mandat de payement délivré en vertu des crédits de délégation ouverts à cet ordonnateur. L'extrait d'ordonnance qu'il a reçu de l'administration centrale lui a fait connaître le montant des crédits ouverts sur sa caisse à l'ordonnateur secondaire. Il lui sera donc facile de veiller par lui-même à ce que les mandats délivrés n'excèdent pas le montant des crédits délégués, et il devra se refuser au payement, s'ils dépassent cette limite.

Une réquisition de l'ordonnateur secondaire serait encore ici sans effet. Le comptable devrait attendre les instructions du ministère des finances.

Il faut toutefois signaler une exception : malgré l'insuffisance des crédits, les mandats délivrés pour le payement de la solde de la *guerre* ou de la *marine* peuvent être immédiatement acquittés sur une réquisition écrite de l'ordonnateur, sauf imputation sur le premier crédit accordé.

Enfin un dernier fait qui peut mettre obstacle au payement et contre lequel toute réquisition serait sans effet, c'est l'opposition ou la saisie-arrêt faite entre les mains du payeur. Cette théorie importante mérite quelques développements.

III

SAISIES-ARRÊTS OU OPPOSITIONS.

On peut définir la *saisie-arrêt* ou *l'opposition* un acte par lequel un créancier fait défense au débiteur de son débiteur de se dessaisir du montant de ce qu'il doit, en d'autres mains que celles du saisissant.

Les lois des 14-19 février 1792 et 30 mai-8 juin 1793 avaient établi les formes à suivre pour les saisies-arrêts ou oppositions signifiées au Trésor public. Après la promulgation du Code de procédure, des doutes s'élevèrent sur la question de savoir si ces lois ne se trouvaient pas abrogées; mais un avis du Conseil d'État, du 12 mai 1807, décida que l'abrogation prononcée par l'article 1041 du Code de procédure ne s'étendait pas aux affaires qui intéressent le Gouvernement, « pour lesquelles il a toujours été regardé comme nécessaire de se régir par des lois spéciales soit en simplifiant la procédure, soit en produisant des formes différentes ».

En conséquence, voulant réunir toutes les dispositions relatives aux saisies-arrêts faites entre les mains des agents de l'État, l'Empereur, le Conseil d'État entendu, rendit, à la date du 18 août 1807, un décret qui est encore la loi de la matière.

Il résulte, de la comparaison de ce décret avec

les dispositions du Code de procédure, que les différences quant aux formes de l'opposition sont peu nombreuses[1].

Ainsi, indépendamment des formalités exigées dans les cas ordinaires, l'exploit doit contenir la *désignation* de l'*objet saisi*. Il ne suffirait pas de dire qu'on arrête ce qui est et sera dû par la suite au saisi[2]. Il faut préciser sur quels objets porte la saisie, si c'est un traitement, un payement de fournitures ou de travaux, etc.

En outre, au lieu d'énoncer simplement le titre du créancier saisissant, il doit en contenir un extrait ou copie en forme[3].

A défaut des formalités exigées par ces deux articles, la saisie n'est pas seulement nulle, elle est regardée comme non avenue, c'est-à-dire, suivant les auteurs qui ont commenté le décret, que le fonctionnaire ne doit pas attendre que la nullité soit prononcée, il doit payer nonobstant l'opposition.

Enfin l'exploit devra énoncer aussi la somme pour laquelle la saisie est faite. Cette énonciation est exigée également par l'article 559 du Code de procédure ; mais cet article permet, dans le cas où la créance du saisissant n'est pas liquide, d'en faire faire l'évaluation provisoire par le juge. Cette évaluation provisoire n'est pas permise en matière

1. V. décret du 18 août 1807.
2. Art. 1.
3. Art. 2.

de saisie-arrêt formée sur les sommes dues par l'État.

Les règles du Code de procédure sur l'assignation du tiers saisi en déclaration affirmative ne sont pas applicables aux saisies-arrêts faites entre les mains des agents du Trésor; ces fonctionnaires ne sont point assignés en déclaration; ils délivrent seulement un certificat qui tient lieu de tous autres actes et formalités prescrits à l'égard des tiers saisis par le titre VII du livre V du Code de procédure. Le certificat doit énoncer s'il est dû à la partie saisie, et énoncer la somme, si elle est liquide. S'il n'est rien dû au saisi ou si la somme n'est pas liquide, le certificat l'exprimera[1].

Conformément au droit commun, il faut, pour pouvoir saisir-arrêter une somme, soit un titre, authentique ou privé, soit une permission du juge[2].

L'exploit, signifié au comptable, devra être visé par lui; s'il refusait, on le ferait viser par le procureur de la République.

— Auprès de qui doit être opérée la saisie-arrêt ou l'opposition?

Jusqu'en 1836, la Cour de cassation avait décidé par deux arrêts, contrairement aux conclusions du procureur général Dupin, qu'une saisie-arrêt pratiquée à Paris au ministère des finances suffisait pour arrêter tout payement fait au préju-

---

1. Art. 569, C. de procéd.; décret 1807, art. 6.
2. Art. 577 et 558, C. de procéd.

dice de ces oppositions sur un point quelconque du territoire français. La Cour, en adoptant cette opinion, s'était principalement fondée sur ce motif, que le ministre ordonnateur étant maître d'assigner le payement sur tel comptable de l'État qu'il lui plaît de choisir, il y avait pour les créanciers opposants de très-grandes difficultés à arrêter les sommes dues par le Trésor ailleurs qu'auprès de l'administration centrale, à Paris. Mais cette jurisprudence exposait le Trésor à payer irrégulièrement, au mépris d'une opposition dont le payeur éloigné ne pouvait pas avoir connaissance. Elle entraînait pour l'État une telle responsabilité, que le législateur sentit la nécessité d'intervenir. Une loi du 9 juillet 1836 décide que l'opposition devra être formée devant le comptable même chargé du payement. Le décret de 1862, art. 148, reproduit la loi de 1836 en ces termes : « Toutes saisies-arrêts ou oppositions sur des sommes dues par l'État doivent être faites entre les mains des payeurs, agents ou préposés sur la caisse desquels les ordonnances ou les mandats sont délivrés. »

Les préposés dont il est ici question sont des commis que le comptable peut déléguer et qui devront déclarer qu'ils ont qualité pour recevoir l'exploit.

Si le payement doit être effectué à la caisse centrale du Trésor, ce n'est pas le caissier-payeur central qui devra recevoir l'opposition, mais un agent spécial du ministère des finances, désigné sous le nom de *conservateur des oppositions*.

Une difficulté se présente au cas où un comptable de deniers publics se trouve appelé à effectuer un payement comme représentant ou délégué d'un comptable d'un degré supérieur. Ce sera, si l'on veut, un trésorier-payeur général sur la caisse duquel un mandat est délivré, mais qui charge un agent comptable du département de payer pour son compte. L'opposition faite entre les mains de ce représentant est-elle valable? Celui-ci doit-il y déférer ou passer outre au payement? C'est répondre à l'esprit de la loi de 1836 que se prononcer pour la validité de l'opposition. Le véritable payeur est bien, il est vrai, le trésorier-payeur général ; mais en exigeant que les oppositions soient faites auprès des *payeurs sur la caisse desquels les ordonnances et mandats sont délivres*, en garantissant de cette façon le Trésor contre la responsabilité compromettante qui résultait pour lui de la jurisprudence antérieure, la loi de 1836 a bien plutôt voulu assurer l'effet des oppositions que le rendre incertain; c'est donc entrer dans l'esprit de la loi que permettre aux créanciers saisissants de former opposition indifféremment entre les mains du trésorier-payeur général ou entre celles de l'agent chargé de compter les deniers[1].

—Il est facile de voir que la loi de 1836, si avantageuse pour le Trésor dont elle dégage la

1. V. M. Petetin, Extrait annoté de l'Instruction générale de 1859, n° 661, en note.

responsabilité, présente l'inconvénient grave d'être embarrassante pour les officiers ministériels, qui, peu au courant des règles financières, auront souvent quelque difficulté à reconnaître, d'après la nature de la créance qu'ils veulent saisir-arrêter, l'agent chargé du payement. Ils devront, s'ils sont prudents, se renseigner avec soin avant de procéder à l'opposition.

— L'opposition formée entre les mains de fonctionnaires qui sont ordonnateurs de dépenses publiques n'aurait aucun effet; c'est là une conséquence du principe que la qualité de comptable est incompatible avec celle d'ordonnateur. Ainsi un arrêt de rejet de la Cour de cassation, du 11 février 1834, confirmatif d'un arrêt de la Cour de Toulouse, a décidé qu'il ne peut être pratiqué de saisie-arrêt entre les mains des préfets à raison des sommes dont l'État serait débiteur envers un particulier.

— La loi de 1836 ne s'applique pas aux oppositions à faire sur les capitaux et intérêts des cautionnements des fonctionnaires publics et des officiers ministériels. Les oppositions sont faites soit directement au Trésor, soit aux greffes des tribunaux dans le ressort desquels les titulaires exercent leurs fonctions[1]. Il n'est pas indifférent, quant aux effets de l'opposition, qu'elle soit signifiée au Trésor ou au greffe, car les oppositions

1. L. 6 niv. an XIII.

formées au Trésor affectent le principal et les in
térêts, tandis que les oppositions faites au greffe
ne peuvent valoir que pour les capitaux tant
qu'elles n'ont pas été notifiées au Trésor public[1].

— Toutes les sommes dues par le Trésor ne
sont pas saisissables. Certaines dettes de l'État
ont été déclarées insaisissables *en totalité*, d'autres
ne le sont *qu'en partie* :

1° Ainsi aucune opposition ne peut être faite
au payement soit du capital, soit des arrérages de
rentes inscrites sur le grand-livre de la dette publique, sauf dans deux cas ; en premier lieu, lorsque l'opposition est formée par le propriétaire de
l'inscription, ce qui fait supposer que son titre a
été perdu ou qu'il est retenu par un tiers ; en second lieu, quand elle est faite par l'agent judiciaire du Trésor sur une rente appartenant à un
comptable de deniers publics dont les comptes ne
sont pas apurés.

Cette exception au principe que les biens du
débiteur sont le gage de ses créanciers résulte du
§ 1er de l'article 4 de la loi du 8 nivôse an VI.
Elle s'explique par le désir d'encourager les pla-
cements sur l'État, en offrant aux propriétaires
de rentes des avantages qu'ils ne pourraient trouver dans aucune autre nature de biens.

L'extension que les rentes sur l'État ont prise
depuis le commencement du siècle et la place

______

1. Avis du C. d'État, 12 août 1807.

considérable qu'elles occupent aujourd'hui dans la fortune des particuliers donnent une singulière portée au principe qui les déclare insaisissables.

2° Une seconde catégorie de dettes que des tiers ne peuvent saisir en aucune façon, ce sont les sommes dues par l'État à un entrepreneur pour un service d'intérêt général. Si un entrepreneur ou un soumissionnaire de travaux publics avait à craindre l'action de ses créanciers personnels sur les sommes que l'État lui devra à raison des travaux exécutés, il arriverait qu'il n'oserait jamais se mettre en avance de fonds, de peur de ne pas obtenir son remboursement. Or il importe à l'intérêt général que l'entreprise soit exécutée dans les formes et dans les délais déterminés, sans pouvoir être entravée par le fait des créanciers de l'entrepreneur. De là, le décret du 26 pluviôse an II, article 1er : « Les créanciers particuliers des entrepreneurs et adjudicataires des ouvrages faits ou à faire pour le compte de la nation ne peuvent, jusqu'à l'organisation définitive des travaux publics, suivre aucune saisie-arrêt ni opposition sur les fonds déposés dans les caisses des receveurs pour être délivrés auxdits entrepreneurs ou adjudicataires. » On le voit, les dispositions de ce décret ne devaient être que provisoires et applicables seulement jusqu'à l'organisation définitive des travaux publics; mais bien que depuis l'an II toutes les branches des travaux d'intérêt général, administration des ponts et chaussées, génie militaire et maritime, aient été organisées d'une manière permanente et définitive, la prohibition de saisir-arrêter dans les caisses publiques les fonds destinés aux entrepreneurs n'en subsiste pas moins, cette disposition n'ayant été abrogée par aucune loi postérieure. Elle a même été quelquefois étendue depuis aux travaux exécutés pour le compte des départements et des communes.

La prohibition de saisir-arrêter ne s'applique pas seulement aux sommes dues aux entrepreneurs, mais aussi aux matériaux destinés à la confection des travaux.

Il est toutefois deux classes de créanciers qui, exceptionnellement, peuvent s'opposer au payement de l'entrepreneur. Ce sont, en premier lieu, les ouvriers employés par cet entrepreneur, et, en second lieu, les fournisseurs de matériaux servant à la confection des ouvrages. Ils ont, à cet égard, un véritable privilége. Mais ce qu'il importe de remarquer et ce qui résulte de l'article 4 du décret du 26 pluviôse an II, c'est que ces fonds ne sont pas affranchis d'une manière absolue de l'action des créanciers de l'entrepreneur; car, après la réception des ouvrages, et, pourvu que les ouvriers et les fournisseurs de matériaux aient été désintéressés, les sommes qui resteront dues aux entrepreneurs pourront être saisies par leurs créanciers particuliers.

Ainsi, et pour réduire cette exception à ses proportions exactes, il n'y a que les sommes que le

Gouvernement destine à titre d'à-compte ou d'avance à l'entrepreneur qui soient insaisissables ; mais les droits des créanciers autres que les ouvriers ou les fournisseurs de matériaux pourront s'exercer sur le solde des travaux après leur réception définitive, et après que les créances privilégiées auront été servies suivant les règles du droit commun. (Circulaire du Payeur général du 1er juillet 1806.)

Certaines dettes de l'État sont saisissables pour partie seulement :

Les traitements civils et militaires dus par l'État ne peuvent être saisis, aux termes de l'article 580 du Code de procédure, que pour la portion déterminée par les lois ou par les règlements et ordonnances. Cette portion saisissable a été déterminée, quant aux traitements des fonctionnaires de l'ordre civil, par la loi du 21 ventôse an IX. Il résulte de ses dispositions que les traitements des fonctionnaires publics et des employés civils sont saisissables, jusqu'à concurrence du cinquième sur les premiers mille francs et toutes les sommes au-dessous de mille francs, du quart sur les cinq mille francs suivants et du tiers sur la portion excédant six mille francs à quelque somme qu'elle s'élève. Ainsi, suppose-t-on un employé ayant un traitement de mille francs, on pourra saisir deux cents francs sur ce traitement. Si le traitement est de six mille francs, on saisira d'abord cette même somme de deux cents francs, cinquième des premiers mille francs, plus le quart des cinq mille francs, soit douze cent cinquante francs; total de la saisie : quatorze cent cinquante francs.

Les saisies-arrêts ou oppositions ainsi formées entre les mains des payeurs sur les appointements des employés et fonctionnaires civils n'ont pas besoin d'être renouvelées au fur et à mesure des termes d'échéance des payements; elles sont valables et conservent les droits des créanciers aussi bien sur les traitements échus que sur ceux à échoir, jusqu'à l'entier acquittement des créances.

Signalons deux exceptions au principe posé dans la loi du 21 ventôse an IX :

Un arrêté consulaire du 18 nivôse an XI a déclaré insaisissables dans leur totalité les traitements ecclésiastiques. Cette insaisissabilité a été étendue au traitement des pasteurs protestants, par un arrêté du 15 germinal an XII. Bien que les textes législatifs soient muets quant aux traitements accordés depuis 1834 aux ministres du culte israélite, les dispositions des arrêtés que nous venons d'énoncer s'appliquent à tous les cultes salariés par l'État[1].

Quant aux traitements des militaires, la saisie n'est possible de la part de leurs créanciers que jusqu'à concurrence d'un cinquième dans tous les cas (loi du 19 pluviôse an III). Cette disposition doit être combinée avec celle de la loi du 10 juil-

---

1. Note communiquée par le ministère des finances.

let 1791, qui décide que le traitement des militaires ne peut être saisi que pour ce qui excède six cents francs, en d'autres termes, les créanciers personnels du militaire ne peuvent rien saisir des premiers six cents francs à lui dus pour son traitement.

Enfin, un avis du Conseil d'État, approuvé par l'Empereur le 25 novembre 1810, déclare entièrement insaisissables les traitements des ambassadeurs, ministres et agents diplomatiques.

Quant aux *pensions*, qu'il ne faut pas confondre avec les *traitements*, elles sont en principe insaisissables du vivant du pensionnaire. Il en était ainsi déjà sous l'ancien régime. On les considérait, on les considère encore comme des aliments dont on ne saurait priver leur titulaire sans manquer à un devoir d'humanité ; toutefois ce principe reçoit quelques tempéraments sous la législation actuelle :

La loi du 9 juin 1853 porte que les pensions civiles peuvent être saisies pour débet envers l'État jusqu'à concurrence d'un cinquième. Il s'opère alors une sorte de compensation entre la dette de l'État et sa créance ; le Trésor ne versera au titulaire que les quatre cinquièmes de sa pension.

Les créanciers privilégiés de l'article 2101 du Code civil peuvent également saisir-arrêter la pension de leur débiteur dans la même proportion, c'est-à-dire jusqu'au cinquième du montant de cette pension ; la faveur qui est attachée à leur titre explique ce privilége exceptionnel.

Enfin pour cause d'aliments, c'est-à-dire dans les cas où les titulaires d'une pension ne remplissent pas l'obligation qui leur est imposée de fournir des aliments aux membres de leur famille que le Code détermine, la pension peut être saisie sur la demande des ayants droit jusqu'à concurrence du tiers. Les deux tiers réservés sont d'ailleurs à l'abri de toute atteinte, même quand il s'agit du recouvrement des dépens de la condamnation.

Le motif qui rend les traitements insaisissables soit en totalité, soit en partie, est facile à comprendre; il tient à l'intérêt du service public qui serait entravé si l'on pouvait saisir, au moins en totalité, le traitement d'un fonctionnaire. A l'égard des pensions, le principe qui les rend insaisissables est d'une autre nature. On ne consulte plus ici l'intérêt du service public, puisque le fonctionnaire ne rend plus de services à l'État, mais un intérêt d'humanité. La pension est considérée comme un droit alimentaire; elle est fondée en partie sur cette présomption que le fonctionnaire se trouve dans un état de nécessité telle, qu'il y aurait peu de générosité à lui retirer les quelques ressources qui lui permettent de subsister.

— Pourrait-on arrêter le payement d'un bon du Trésor au moyen d'une saisie-arrêt?

Les bons du Trésor étant assimilés aux effets de commerce, aucune oppositon ne peut en empêcher le payement, si ce n'est dans les cas où l'opposition serait admissible en matière d'effets de commerce ; ainsi, il est certain qu'en cas de perte ou de vol d'un bon du Trésor, opposition pourrait être faite au payement entre les mains du caissier du Trésor.

— Quand l'opposition ou la saisie-arrêt a été régulièrement faite auprès de l'autorité compétente pour la recevoir, pour des créances qui ne sont pas comprises dans les cas exceptionnels que nous venons d'étudier, a-t-elle pour effet d'arrêter complétement le payement de la dette, ou seulement jusqu'à concurrence de ce qui est dû au créancier saisissant ?

L'article 14 du décret du 18 août 1807 déclare que la saisie-arrêt ou opposition n'aura d'effet que jusqu'à concurrence de la somme portée à l'exploit. Il résulte de là que le comptable pourra payer au créancier du Trésor tout ce qui excède la somme ainsi arrêtée entre ses mains.

— Aux termes de la loi du 19 février 1792, art. 13, les saisies et oppositions formées sur les sommes qui s'acquittent directement par le Trésor public ne devaient avoir d'effet que pendant trois ans à compter de leur date. Mais cette disposition n'avait jamais été appliquée et était tombée en désuétude, par ce motif que la même loi n'avait jamais autorisé l'administration à rayer d'office les oppositions après trois ans de date. En 1836, toutes les oppositions formées au Trésor depuis 1792 et dont la mainlevée n'avait pas été rapportée subsistaient encore sur les registres, quoique le plus grand nombre fussent depuis longtemps sans objet. Cet état de choses, nuisible à la bonne tenue de la comptabilité, offrait encore l'inconvénient d'être incompatible avec l'article 9 de la loi du 29 janvier 1831, qui établit une prescription quinquennale des dettes de l'État. Il était naturel que l'opposition, qui n'est qu'un acte conservatoire de la créance, se prescrivît par le même laps de temps que la créance elle-même. D'un autre côté, la loi de 1792 ne s'appliquait qu'aux oppositions sur les sommes qui s'acquittent directement par le Trésor public ; or, il importait de créer une disposition plus générale qui réglât le sort, non-seulement des oppositions faites à Paris, mais encore de toutes celles faites entre les mains des comptables dans les départements.

De là les dispositions de l'article 14 de la loi du 9 juillet 1836, qui porte que les saisies-arrêts ou oppositions auront leur effet pendant cinq ans, et qu'après ce délai elles seront rayées d'office, à moins qu'elles n'aient été renouvelées.

— La plupart des règles qui s'appliquent à l'exploit de saisie-arrêt sont applicables à la notification des cessions de créances de l'État.

Conformément au droit commun, le cessionnaire d'une créance sur le Trésor public est obligé de notifier la cession ; c'est seulement à partir de cette notification qu'il se trouve saisi de la créance à l'égard des tiers. Mais à la différence de ce qui se passe pour la saisie-arrêt, l'exploit de notification de la cession n'est assujetti à aucune forme spéciale.

Quant aux personnes qui ont qualité pour recevoir la notification, ce sont les mêmes que celles entre les mains desquelles la saisie-arrêt doit être formée. Elle doit donc être faite, ou bien aux comptables sur la caisse desquels les ordonnances ou mandats seront délivrés, ou bien à Paris, entre les mains du conservateur des oppositions au ministère des finances.

En outre, les notifications de cession de créances sur l'État sont, comme les oppositions, soumises à la péremption quinquennale établie par la loi de 1833. En conséquence, le cessionnaire qui n'a pas renouvelé sa notification de transport avant l'expiration de cinq années depuis la date de la première est sans qualité pour réclamer de l'État le payement de la créance cédée, de telle sorte que l'État est libéré vis-à-vis du premier créancier par la notification de transport qui lui a été faite, vis-à-vis du second par l'expiration des cinq années qui se sont écoulées depuis sa première notification.

IV

DÉPENSES D'EXERCICES CLOS ET D'EXERCICES PÉRIMES.

En général, quand un droit est né contre le Trésor au profit d'un particulier, celui-ci ne perd pas de temps pour se faire liquider et obtenir son payement. Les choses se passent alors le plus régulièrement du monde ; la créance sera liquidée et ordonnancée avant le 31 juillet de la seconde année de l'exercice ; elle sera payée avant le 31 août ; tous les faits de la dépense seront consommés avant l'expiration de l'exercice.

Il n'en est pas toujours ainsi. Une infinie variété de causes peuvent retarder quelqu'un des événements qui amènent le créancier à se faire payer, et l'on peut supposer l'un ou l'autre de ces trois faits : le droit, né, n'aura pas été soumis à la liquidation avant la fin de juillet ; ou bien, liquidé avant cette époque, il n'aura pas été ordonnancé à temps ; ou bien enfin, après liquidation et ordonnancement, le créancier aura laissé passer le délai du 31 août sans se présenter aux caisses du Trésor.

Que se passera-t-il dans ces différentes hypothèses ? Le droit du créancier sera-t-il éteint ? Les choses, sans doute, seraient bien simplifiées, et le Trésor n'aurait plus à s'embarrasser de cette multitude de créanciers que chacun des exercices financiers traîne à sa suite. Mais une telle rigueur, on le comprend sans peine, serait aussi contraire à l'équité qu'au crédit même de l'État. L'*exercice*, en effet, cette période de temps convenue pendant laquelle doivent être consommés tous les faits de recette et de dépense, n'est pas une mesure prise contre les créanciers de l'État à l'effet de prescrire leurs droits, c'est simplement une mesure d'ordre, qui a pour but de régler et de simplifier les opérations de la comptabilité. Le droit du créancier survit donc à l'expiration de l'exercice.

Mais si, lors de la clôture de l'exercice, nous considérons la première hypothèse, celle où le créancier n'a pas fait liquider son droit, quelle situation lui sera faite? Nous connaissons la nature de la liquidation et son importance; c'est par elle que l'État constate la créance d'un tiers et qu'il se reconnaît débiteur; sans elle le droit d'un particulier est aux yeux de l'administration comme s'il n'existait pas[1]. Il est impossible qu'on réserve son droit, puisque l'État ne l'a pas reconnu. On annulera donc, comme se trouvant sans emploi, le crédit qui a été ouvert pour cette dépense au budget de l'exercice qui finit. Mais comme, en définitive, c'est là une dépense qu'on devra quelque jour liquider et acquitter, il faudra bien qu'elle entre dans les prévisions du nouvel exercice et qu'elle donne lieu à l'ouverture d'un nouveau crédit; on rétablira donc au budget de l'exercice courant le crédit annulé pour l'exercice précédent.

C'est, en principe, au pouvoir législatif qu'il faudra recourir pour cet objet. Mais il n'y a aucune corrélation nécessaire entre le crédit qu'on

______

[1] Doctrine du ministère des finances.

a annulé et le nouveau crédit; rien n'empêche, suivant les besoins, que celui-ci soit plus ou moins fort que le premier.

Si le retard porte, non pas sur la liquidation qui a été effectuée, mais sur l'*ordonnancement* ou le *payement* qui n'a pas eu lieu à temps, il faut suivre ici des règles particulières : au 31 août, les crédits non employés de l'exercice clos sont annulés; de même on annule les ordonnances et les mandats qui, délivrés à temps, n'ont pas été présentés aux caisses du Trésor. Mais, en même temps, on prend soin de noter exactement toutes les dépenses restant à payer au moment de la clôture de l'exercice, et on les acquittera dans l'exercice ou dans l'un des exercices suivants. Ainsi, dans chaque ministère, il est dressé des états nominatifs de tous les créanciers dont les droits, liquidés, n'ont pu être payés durant l'exercice. On appelle *restes à payer* ces dettes dont le payement est ainsi réservé pour un exercice nouveau.

Ces états nominatifs n'indiquent pas tous les créanciers arriérés du Trésor, autrement dit ne renferment pas tous les *restes à payer*. Certaines dettes se prêtent difficilement à ce mode d'inscription ; il est impossible, par exemple, de désigner pour les rentes au porteur le nom du véritable créancier, puisque ce créancier est un être innommé, l'un quelconque des porteurs du titre.

1. Art. 120, décret de 1862.

Le même travail serait inutile pour les rentes no-
minatives et pour les intérêts des cautionnements,
car le titre des créanciers résulte de leur inscription sur le grand-livre de la dette publique. On
dresse seulement, pour les arrérages de rentes perpétuelles et pour les intérêts des cautionnements,
des *bordereaux sommaires* indiquant la nature de
la dette restant à payer, sans désigner le nom des
créanciers[1].

— La dette sera donc payée dans le nouvel exercice ou dans l'un des exercices suivants. La première condition pour que ce payement soit possible, c'est que la dette figure dans les *restes à
payer* établis d'après les règles que nous venons
d'énoncer. Une seconde condition, c'est que ces
restes à payer figurent dans la *loi de Règlement*.
On appelle ainsi la loi, portant règlement définitif
des opérations d'un exercice, qu'on soumet chaque année à l'approbation et à la sanction du pouvoir législatif. Il faut ainsi que les restes à payer
soient, en principe, approuvés par l'Assemblée.

Mais ici une difficulté matérielle se présente :
l'exercice est clos le 31 août, et la loi de Règlement n'est présentée que dans les premiers mois
de l'année suivante ; il arrive même souvent dans
la pratique qu'elle subit un retard de plusieurs
mois ou de plusieurs années. Faudra-t-il donc que
le créancier attende ce vote tardif pour se faire

1. Art. 133, décret de 1862

payer ? En aucune façon : « Les dépenses, que les comptes présentent comme restant à payer à l'époque de la clôture d'un exercice et qui ont été autorisées par des crédits régulièrement ouverts, peuvent être ordonnancées par les ministres sur les fonds des budgets courants, avant que la loi de Règlement de cet exercice ait été votée[1]. »

— Quelles sont les règles qui président au payement des dépenses sur exercices clos ?

La première règle, la plus importante, celle qui domine toute cette matière, c'est qu'on ne pourra payer *ces restes* que dans la limite des crédits primitivement ouverts. Il n'y a aucune différence à cet égard entre les dépenses d'un exercice courant et celles d'un exercice clos ; la volonté législative est la seule à consulter. On se reportera au budget primitif. Si les crédits législatifs ne sont pas suffisants, il faudra obtenir par une loi spéciale un crédit supplémentaire.

Une seconde règle applicable ici, et toute spéciale aux dépenses d'exercices clos, c'est que la nouvelle ordonnance délivrée au créancier, au lieu d'être une ordonnance d'exercice, c'est-à-dire prenant fin au 31 juillet de la seconde année, est une *ordonnance d'année* ; ce qui signifie qu'elle n'est valable que jusqu'à la fin de l'année pendant laquelle elle a été émise. Au 31 décembre, l'annulation en a lieu d'office par les agents du Trésor[2].

1. Art. 125, décret de 1862.
2. Art. 130, décret de 1862.

Est-ce à dire que la dépense d'exercice clos ne sera plus payée après le 31 décembre? En aucune façon. Seulement cette nouvelle ordonnance sera annulée à son tour au 1er janvier si le payement n'a pas eu lieu jusque-là ; la créance sera transportée alors à l'exercice suivant ; une nouvelle ordonnance sera nécessaire qui, elle-même, prendra fin au 31 décembre de ce troisième exercice, et ainsi de suite jusqu'au jour où la dette sera éteinte soit par le payement ainsi effectué, soit par la déchéance établie par des lois spéciales au profit du Trésor.

Pourquoi cette différence entre la première ordonnance, qui peut aller jusqu'au 31 juillet, et les ordonnances subséquentes, qui n'ont de valeur que jusqu'à la fin de l'année où on les délivre? Le motif en est facile à saisir. Si la première ordonnance délivrée devait être annulée au 31 décembre, on n'aurait pas en réalité douze mois pour exécuter le service qui fera naître le droit du créancier (voir page 97); il faudrait d'avance ménager un espace de temps suffisant pour procéder à la liquidation et à l'ordonnancement, ce qui abrégerait singulièrement la période nécessaire pour exécuter les services prévus au budget. Le législateur ne l'a pas voulu ainsi. Il a réservé une année pleine à l'exécution même des différents services ; quant aux formalités subséquentes de la liquidation et du payement, il a empiété quelque peu sur les premiers mois de l'année suivante, donnant ainsi au créancier tout le temps nécessaire pour obtenir son remboursement.

Mais quand depuis longtemps le service est achevé, quand il se trouve rattaché à un exercice actuellement clos, il n'y a plus aucune raison pour accorder à l'ordonnancement des délais exceptionnels. Le créancier a le temps de se faire payer avant le douzième mois. Il était naturel de faire coïncider la durée de l'ordonnance avec celle de l'année et de la faire annuler au moment où celle-ci expire.

— A chaque budget se trouve rattaché un chapitre spécial, le *chapitre des dépenses pour exercices clos*. Le crédit de ce chapitre mentionne pour mémoire le montant des crédits primitivement ouverts pour chaque nature de dépense exécutée et non payée, mais ce n'est pas toujours le montant total des crédits primitifs qui est ainsi rappelé, car si la dépense a été payée pour partie, c'est seulement l'excédant qui doit figurer dans les restes à payer. Ce chapitre spécial rappelle de cette façon, non-seulement les restes à payer du dernier exercice connu, mais tous les restes à payer de tous les exercices qui ne sont pas atteints par la péremption.

Telles sont, en résumé, les règles applicables aux créances arriérées que la prescription spéciale aux dettes du Trésor n'a pas encore effacées.

Il importe de remarquer, en terminant cette difficile matière, qu'un certain nombre de dettes du Trésor, bien qu'imputables sur des exercices clos, ne sont pas comprises dans les états nominatifs des créanciers dont parle l'article 129 du décret de 1862, ni dans les états sommaires en usage pour la rente perpétuelle et les intérêts des cautionnements, et sont payées absolument comme dépenses d'exercice courant ; ce sont en général les dépenses payées sur des *certificats de vie* ou *états de présence* fournis par le créancier en personne, par exemple, *la dette viagère, les pensions, la solde des militaires.*

Pourquoi cette exception aux principes ? C'est qu'il résulte de la nature même de ces dettes, qui s'éteignent en général avec la vie du titulaire, qu'au moment où, par le soin de chaque ministre, on dresse les états nominatifs et les états sommaires, l'État ne peut pas savoir s'il est encore débiteur. Le droit a bien pu ne pas naître, car si le créancier ne s'est pas fait payer dans le courant de l'exercice qui vient d'expirer, on peut présumer qu'il était mort, qu'il n'y a pas eu droit acquis. On ne peut donc pas faire figurer cette dette parmi les restes à payer. Si le créancier se présente dans le courant du nouvel exercice, on payera sa créance arriérée comme une créance d'exercice courant.

Seulement, à la fin de l'exercice, on tiendra compte, sur celles de ces dettes qui ont été payées, des sommes qu'il faut imputer sur les exercices précédents. On fera ici, après coup, ce qui se fait avant l'ouverture de l'exercice pour les autres dettes du Trésor : « Les rappels d'arrérages « payés sur les mêmes services continuent d'être « imputés sur les crédits de l'exercice courant; « mais, en fin d'exercice, le transport en est effec-« tué à un chapitre spécial, au moyen d'un vire-« ment de crédit autorisé chaque année par un « décret qui est soumis à la sanction législative « avec la loi de Règlement définitif de l'exercice « expiré[1]. »

— La situation d'un créancier de l'État qui négligé de se faire payer ne peut pas se prolonger indéfiniment. Lorsque cinq années se sont écoulées depuis le commencement de l'exercice pendant lequel une créance est née, cette créance est arrivée à sa dernière période. On dit alors qu'elle appartient à un *exercice périmé*. L'exercice périmé est donc celui qui est arrivé à la fin de la période quinquennale. Que devient à ce moment le droit des créanciers ? En principe il est prescrit; il n'en doit plus rien rester et le Trésor doit être définitivement libéré. Créance prescrite ou créance d'exercice périmé sont donc des termes synonymes;

Toutefois il n'est pas impossible que, l'exercice se trouvant périmé, la créance lui survive pour des causes qu'il n'y a pas lieu d'examiner ici; dans ce cas exceptionnel, le Trésor aura encore des payements à faire après cinq ans. Le payement des

1. Art. 128, D. 1862.

créances pour exercices périmés obéit à certaines règles qui les distinguent des créances pour exercices clos.

Ainsi, pour les dépenses d'exercices clos, il n'y a pas lieu de demander au pouvoir législatif l'ouverture de nouveaux crédits; pourvu qu'on se renferme dans les limites des crédits primitivement ouverts, il suffit de rappeler *pour mémoire* ceux qui ont été alloués dans le premier budget. Au contraire, après cinq années, un ministre ne peut pas payer un créancier de l'État sans avoir obtenu, à cet effet, un crédit nouveau du pouvoir législatif. Comment en serait-il autrement, si l'on considère que tous les crédits d'un budget sont éteints à l'expiration d'une période de cinq ans? Ainsi, et en résumé, les crédits d'un budget et les créances qu'ils visent doivent en principe s'éteindre simultanément au bout de cinq ans; mais la créance pouvant, par exception, survivre au crédit, le pouvoir législatif doit en ouvrir un nouveau, afin qu'il soit possible encore de payer le créancier qui a su conserver son droit. Toutefois les crédits que nécessiterait le service des arrérages des rentes perpétuelles et des rentes viagères sont exceptés de cette disposition [1].

Une fois le crédit ouvert, il semblerait qu'il dût pouvoir parcourir une nouvelle période de cinq années et rester tout ce temps à la disposition du Gouvernement, si l'on admet que la créance elle-

1. Art. 140, D. 1862.

même a pu vivre jusque-là. Il n'en est rien cependant. Ces nouveaux crédits sont annulés à la fin de l'exercice pour lequel ils ont été ouverts[1]. Ils devront être renouvelés à l'ouverture de chaque exercice jusqu'à l'extinction définitive de la créance.

Mais il importe de ne pas perdre de vue la règle générale : La dépense d'un exercice périmé est atteinte par la prescription. L'État est définitivement libéré. Nous aurons l'occasion de développer ce principe en étudiant la théorie des prescriptions établies en faveur de l'État.

CHAPITRE QUATRIÈME

PRESCRIPTIONS ÉTABLIES DANS L'INTÉRÊT DE L'ÉTAT.

Le moyen le plus ordinaire pour le Trésor de se libérer, c'est de payer ce qu'il doit. Mais de même que les dettes d'un particulier peuvent, au bout d'un certain temps, se trouver éteintes par la seule inaction de son créancier, de même l'État se trouve libéré quand ses créanciers ont laissé passer un certain laps de temps sans réclamer leur payement.

Les considérations qui ont fait introduire la

1. Art. 139, D. 1862.

prescription dans la loi civile comme un moyen d'éteindre les obligations empruntent une singulière force à l'intérêt public, lorsqu'il s'agit de dettes de l'Etat. La nécessité de maintenir l'équilibre dans nos finances, la difficulté qu'il y aurait à conserver pendant de longues années les moyens de vérifier les prétentions d'innombrables créanciers, font une nécessité de les renfermer dans des délais relativement courts.

— Jusqu'en 1831 on n'avait pris, pour presser l'arriéré de la dette, que des mesures transitoires. Les troubles de la Révolution, en tarissant la source des revenus publics, les guerres de l'Empire, en nécessitant des dépenses énormes, avaient, au commencement de ce siècle, accumulé la masse des dettes du Trésor. Pour délivrer l'État de ce fardeau, plusieurs lois, dont la première est du 24 mai an VI et la dernière du 4 mars 1834, avaient établi successivement diverses déchéances, et déclaré définitivement éteintes, d'abord les créances antérieures à l'an V, puis les créances antérieures à l'an IX, enfin celles dont l'origine remontait au delà du 1er janvier 1816. Tantôt ces lois établissaient, pour la production des titres de créances, un délai après lequel la déchéance était encourue, tantôt elles prononçaient la déchéance sans avertissement, déclarant déchus tous les créanciers dont les titres n'étaient pas produits, ou tous ceux dont la situation n'avait pas été arrêtée à telle époque qu'elles déterminaient. Ces lois transitoires en surprenant souvent des créanciers confiants lésaient de graves intérêts ; il fallait une législation plus stable ; elle sortit de la loi du 29 juin 1831.

— L'article 9 de cette loi prononce la déchéance contre *toutes créances* qui, n'ayant pas été acquittées avant la clôture de l'exercice auquel elles appartiennent, n'auraient pu être *liquidées, ordonnancées et payées* dans un délai de *cinq* années, à partir de l'ouverture de l'exercice, pour les créanciers domiciliés en Europe, de *six* années pour les créanciers résidant hors du territoire européen.

Il ne suffirait pas, aux termes de cet article, que la liquidation ou l'ordonnancement eût été fait dans le délai ; la déchéance serait encourue, si la créance ayant été liquidée et ordonnancée, le payement n'avait pas eu lieu dans les cinq années[1].

Mais, pour que la déchéance puisse être opposée au nom de l'État, il faut du moins que la créance existe, qu'elle soit, par conséquent susceptible d'être liquidée, ordonnancée et payée. C'est l'application d'un principe bien connu du droit civil[2] ; aussi, quand une créance est subordonnée à l'événement d'une condition ou retardée jusqu'à un terme fixé, la prescription ne peut courir contre elle qu'à partir de la réalisation de la condition ou de l'arrivée du terme. Dans le premier cas, le droit n'a

1. Arrêt du C. d'Ét., 15 juillet 1842.
2. Art. 1181, 1186.

pas encore pris naissance, il ne peut pas être question de l'éteindre par le laps de temps; dans le second, il existe, mais l'action du créancier, se trouvant paralysée jusqu'à l'arrivée du terme, on ne peut pas prétendre qu'il a entendu renoncer à son droit.

— A quelles créances s'applique la déchéance prononcée par la loi de 1831 ?

L'article 9 frappe de déchéance *toutes créances* qui n'ont pas été liquidées et payées dans un délai de cinq ans.

On a prétendu cependant que le mot créances ne devait s'appliquer qu'aux dettes contractées par l'Etat pour les divers services; mais que les actions et réclamations intentées à tout autre titre ne pouvaient tomber sous l'application de la loi de 1831. La question se présenta d'abord en 1842, relativement au remboursement d'une somme indûment payée à l'État par un tiers. On prétendait, pour échapper à la déchéance, que plus la loi qui prononçait cette déchéance était rigoureuse, plus il fallait en restreindre l'application. Mais le Conseil d'État a constamment repoussé cette doctrine, comme contraire à l'esprit de la loi de 1831. Son but, en effet, était de clore les arriérés et d'empêcher qu'il ne s'en formât aucun à l'avenir, de permettre à l'État de connaître exactement toute l'étendue de sa dette et de demander au pouvoir législatif les moyens d'y pourvoir. Ce but ne serait pas atteint si toutes les réclamations possibles en dehors des services publics échappaient à la déchéance quinquennale. Le mot *créances* s'applique donc ici à tout droit qui constitue l'État débiteur envers un particulier.

Mais doit-on considérer comme une créance exposée à la déchéance quinquennale l'action en restitution d'une succession tombée en déshérence et dont l'État a été envoyé en possession, conformément aux dispositions du droit civil? Celui qui se prétend héritier n'aura-t-il que cinq années pour agir ou bien pourra-t-il réclamer la succession pendant trente ans[1]?

Ce qui a déterminé la jurisprudence[2] et la plupart des auteurs à repousser ici la déchéance quinquennale, c'est qu'il s'agit moins pour l'État de se libérer que d'acquérir. Si, dans la rigueur des principes, l'État devient débiteur des sommes appartenant à la succession et qui entrent dans ses caisses, il ne l'est pas en vertu d'actes émanés de l'administration, mais en vertu des principes du droit civil qu'il faut appliquer ici. La charge qui pèse sur l'État n'est pas une dette publique ordinaire, car elle ne pèse pas sur l'impôt et sur les finances publiques; c'est plutôt une sorte de dépôt qui demeure entre les mains de l'État. D'ailleurs il est difficile de penser qu'un arriéré ainsi constitué et résultant des successions en déshérence puisse affecter d'une manière fâcheuse les

______

1. Art. 723, 768, 789, Code civil.
2. Arrêt Cons. d'État, 26 juillet 1844.

finances publiques. Dès lors l'utilité d'une protection spéciale pour l'État ne se fait plus sentir,
et la déchéance de cinq ans n'a plus sa raison
d'être[1].

Mais si l'on suppose l'État en présence, non
plus d'un héritier qui réclame sa succession, mais
des créanciers de cette succession tombée en déshérence, le Conseil d'État n'admet plus la même
doctrine. Il résulte, d'un arrêt rendu le 12 avril
1843, que le Conseil d'État considère les créanciers d'une succession dévolue à l'État comme
devenant créanciers directs de ce dernier, et soumis, comme tels, aux dispositions des lois qui ré-
gissent la dette publique, c'est-à-dire à la déchéance quinquennale. Toutefois cette opinion a
été vivement combattue par quelques auteurs.

— Quant à l'application de la déchéance, il y a
une question délicate à examiner, c'est celle de
savoir quel est le point de départ du délai de
cinq ans.

En droit commun, la prescription commence à
courir au profit d'un débiteur à dater du jour où
son obligation existe. D'après la loi de 1831, article 9, le point de départ du délai de cinq ans
est, non pas le jour même où la créance est née,
mais le commencement de l'exercice auquel elle
est rattachée, de telle sorte qu'il est bien rare que

1. V Consultation donnée sur cette question par M. Vi-
vien, ancien garde des sceaux, et rapportée par M. Du-
mesnil, n° 367.

la prescription soit en réalité de cinq années; la fiction qui la fait remonter au premier jour d'un exercice en abrége naturellement la durée.

Cette règle nous fait comprendre l'importance qu'il y a, indépendamment de l'ordre à établir dans notre comptabilité financière, à reconnaître exactement l'exercice auquel une créance appartient. Nous savons qu'une créance n'appartient à un exercice qu'autant qu'il y a eu *service fait* ou *droit acquis* dans les douze premiers mois de cet exercice. Nous savons aussi qu'il est parfois fort difficile d'apprécier dans la pratique le moment précis où il y a eu droit acquis et qu'à cet égard le ministre des finances a établi quelques règles pour les cas les plus importants.

Mais une difficulté se présente au cas où une créance a été reconnue par jugement au profit d'un particulier contre le Trésor. Est-ce la date du jugement ou la date de l'obligation qui servira à marquer le point de départ de la déchéance ? On a prétendu dans un système, que le droit se trouvait *acquis* du jour où était rendu le jugement condamnant l'État, que la déchéance dès lors ne commençait à courir au profit de l'État qu'à dater du premier jour de l'exercice pendant lequel le jugement avait été rendu. Cette opinion, suivant nous, repose sur une fausse interprétation d'un arrêt du Conseil d'État. Un acquéreur d'un bien du domaine de l'État était actionné par des tiers qui se prétendaient propriétaires d'une partie du bois vendu; évincé par eux, l'acquéreur se retournait contre l'État, réclamant la restitution partielle du prix de vente. D'anciennes décisions avaient admis, dans cette hypothèse, que la créance de l'acquéreur évincé contre l'État appartenait à l'exercice dans lequel les tiers avaient intenté leur action contre lui; en effet, le jugement qui leur donnait gain de cause reconnaissait leurs droits comme existant antérieurement; par suite, c'était le jour même où l'action était formée contre l'acquéreur que naissait pour lui le droit d'obtenir de l'État la restitution de son prix de vente. Cette argumentation subtile fut écartée par un nouvel arrêt du Conseil rendu en l'année 1854. Le droit de l'acquéreur à réclamer la restitution de son prix de vente ne devait être acquis que le jour où, par le jugement du tribunal qui tranchait un litige engagé entre lui et des tiers, il avait été évincé du bien indûment vendu par l'État. C'était ce jugement seul qui devait servir de base à son action contre l'État et de point de départ à la déchéance contre lui.

C'est pour avoir méconnu le sens de cette jurisprudence et avoir voulu la généraliser qu'on en est arrivé à établir en règle qu'une créance appartient à l'exercice pendant lequel a été rendu le jugement qui reconnaît le droit d'un créancier contre l'État. Il est de principe que les jugements ont pour effet de reconnaître les droits préexistants et non point de les créer. Le droit d'un entrepreneur au payement de ses fournitures et de ses travaux est acquis du jour où la fourniture ou le travail a été livré et reçu. Le droit d'un propriétaire, qui a souffert un dommage à une indemnité, est acquis du jour où le préjudice a été causé. C'est à partir de ce moment que le droit est acquis; c'est l'exercice courant qui servira de point de départ à la déchéance quinquennale[1].

Mais il faut entendre cette règle en ce sens que, si le créancier a laissé passer les délais de déchéance sans réclamer et se faire payer, l'instance qu'il introduira et le jugement qu'il obtiendra[2] après ces délais expirés ne pourront pas le relever de la déchéance qu'il a encourue par suite de leur expiration. Mais lorsque le créancier a introduit une demande avant l'expiration des délais de déchéance, il a su par là sauvegarder son droit; la prescription est interrompue, et tout le temps passé se trouve effacé quant à la déchéance. Un nouveau délai de cinq ans commence à courir à dater du commencement de l'exercice pendant lequel le jugement a été rendu.

1. Voir, sur cette question, MM. Dufour, *Droit administratif*, t. V, et Aucoc, t. II.

2. Il ne faut pas perdre de vue que le ministre étant seul compétent pour opposer la déchéance quinquennale, un créancier peut obtenir un jugement favorable et faire reconnaître son droit en justice, même après l'expiration de cinq années à partir de la naissance de ce droit.

Ainsi et en résumé, le créancier a-t-il intenté une action après l'expiration des cinq ans de déchéance, la condamnation qu'il pourra obtenir n'empêchera pas que l'administration lui oppose la déchéance de son droit, car cette déchéance a son point de départ dans l'exercice pendant lequel sa créance est née; a-t-il introduit une instance dans les délais et obtenu gain de cause, même après l'expiration de ces délais, la déchéance quinquennale qu'il peut encore subir prendra ici son point de départ au commencement de l'exercice pendant lequel la décision a été rendue.

— Il était juste de n'appliquer cette courte prescription qu'aux créanciers qui seraient en faute. Aussi le législateur a-t-il introduit deux exceptions à la règle établie par l'article 9 de la loi de 1831. La déchéance de cinq ans ne s'applique pas :

1° Quand le retard dans l'ordonnancement et le payement résulte d'un *fait de l'administration;*

2° Lorsqu'il résulte de *pourvois formés devant le Conseil d'État.*

En ce qui concerne le *fait de l'administration,* la loi ne s'explique pas, mais ses termes sont évidemment l'application de cette maxime : *Contra non valentem agre non currit præscriptio.* Il serait souverainement injuste, il serait dangereux même pour le crédit de l'État, que des créanciers, nullement négligents, mais paralysés par les lenteurs

de l'administration ou même par le mauvais
vouloir d'un ministre, se vissent repoussés au bout
de cinq ans et définitivement déchus de leurs
droits.

Quels sont les faits de l'administration qui
peuvent le plus habituellement motiver cette exception à la déchéance? On peut supposer, d'a-
bord, que le créancier se présente aux caisses du
Trésor à un moment où il n'y a pas de crédits
disponibles; il doit se résigner dans ce cas à attendre la rentrée des fonds; mais ce retard ne
doit pas l'exposer à la perte de son droit.

Il peut arriver encore que les bureaux du ministère aient égaré les pièces qui doivent lui servir
à justifier de sa créance. Un moyen pour la partie
d'éviter que ses pièces ne s'égarent, c'est d'exiger,
en les remettant à l'administration, un bulletin
énonçant la date de sa demande et toutes les
pièces qu'il a produites à l'appui[1].

Enfin on peut supposer qu'un ministre se refuse à liquider le droit. Ce dernier fait donne lieu
à un recours devant le Conseil d'État, recours qui
doit, comme nous le savons, s'exercer dans un
certain délai. Ce dernier cas vient donc se confondre avec la deuxième hypothèse qui fait exception, dans la loi de 1831, à la déchéance quinquennale : pourvoi formé devant le Conseil d'État.

Toutefois les termes de la loi sont ici trop res-

---

1 Art. 137, § 2, décret de 1862.

treints, et nous savons que le Conseil d'État ne serait pas la seule autorité compétente à qui la partie eût à recourir en cas de refus de liquidation.

Quelle que soit la juridiction à laquelle la partie ait à s'adresser avant l'expiration des cinq années qui frappent les créances de déchéance, la sienne sera sauvegardée par ce recours. Mais il ne suffirait pas de porter sa plainte devant une juridiction qui serait incompétente, par exemple devant le tribunal civil s'il s'agit d'une difficulté dont le conseil de préfecture est juge. Cette démarche irrégulière n'aurait pas pour effet d'empêcher la déchéance de courir[1].

Enfin on peut considérer encore, comme une conséquence du principe que les créanciers en faute doivent seuls être atteints par la déchéance quinquennale, la prolongation de délai qui est accordée aux créanciers domiciliés hors de l'Europe; ils n'encourent la déchéance qu'après six ans depuis l'ouverture de l'exercice pendant lequel leur droit est né.

— Nous voyons très-clairement maintenant pourquoi et comment il se fait qu'une créance puisse survivre à un exercice clos. Les événements qui peuvent lui permettre de vivre plus de cinq ans sont les suivants :

1° Le domicile hors de l'Europe;

1. Arr. C. d'État, 19 mai 1853.

3° Un fait provenant de l'administration ;

3° Une interruption de prescription résultant d'un recours devant une juridiction compétente.

Les créances ainsi conservées deviennent des créances d'exercice périmé. Nous savons quelles règles leur sont applicables.

— Quant à l'autorité chargée d'opposer la déchéance quinquennale au créancier, nous avons vu, en étudiant la liquidation, que c'est l'administration qui est compétente par l'organe du ministre liquidateur; nous avons remarqué que l'autorité ministérielle, à cet égard, est si absolue, que les jugements ou les arrêts qui interviennent au profit des créanciers du Trésor ne peuvent avoir pour effet d'empêcher l'application de la prescription quinquennale, lorsque cette prescription se trouvait déjà accomplie avant l'introduction des instances judiciaires, sauf dans le cas où les décisions contentieuses auraient directement porté sur la question de déchéance.

— En dehors de la déchéance quinquennale, établie par la loi du 29 juin 1831 qui frappe en principe toutes les créances sur le Trésor, quelques déchéances spéciales ont été établies pour certaines natures de créances; nous les passerons brièvement en revue :

1° Les arrérages de rentes perpétuelles et viagères se prescrivent par cinq ans. C'est l'application aux dettes de l'État de l'article 2277 du Code civil. Le délai est donc le même, quant à ces arrérages, que celui qui résulte, pour toute autre créance, de la loi de 1831. Seulement les cinq ans commenceront ici à courir, non point de l'ouverture de l'exercice auquel ces arrérages de rentes appartiennent, mais du jour même de leur échéance. C'est ce qui résulte de l'article 686 de l'Instruction générale du 20 juin 1859. Aussi, au lieu de se trouver atteints par la prescription au jour de la clôture des crédits, comme les autres créances sur l'État, ils sont prescrits successivement aux échéances des 1er janvier, 1er avril, 1er juillet, 1er octobre.

Quant au *droit* même à la rente, on pourrait soutenir qu'il se prescrit aussi par cinq ans en vertu de la loi de 1831, qui ne fait pas d'exception pour lui. Mais jamais, dans la jurisprudence ni dans la pratique, le Trésor n'a opposé cette déchéance aux porteurs de titres. Il ne l'a même jamais fait après trente ans, délai de prescription du droit commun. Les arrérages sont perdus au bout de cinq ans, le nom du titulaire effacé même du grand-livre. Mais le créancier pourra toujours obtenir son rétablissement sur les états d'arrérages en vertu d'une décision ministérielle, fût-il resté trente, quarante ou cinquante ans sans toucher d'arrérages.

En résumé, les arrérages se prescrivent par cinq ans; le droit à la rente ne se prescrit pas.

Si l'on considère l'immense développement de la dette publique, on sera frappé de voir près de la moitié des créanciers de l'État à l'abri de la prescription. Mais la faveur particulière dont ils jouissent s'explique par les mêmes considérations qui ont déterminé le législateur à déclarer la rente insaisissable; il fallait une protection puissante au crédit de l'État.

L'inconvénient qu'il y a à laisser les porteurs de rentes réclamer leur droit après de longues années est d'ailleurs peu sensible et ne risque guère de créer un arriéré inquiétant; les créanciers qui abandonnent ainsi leurs droits pendant de longues années sont rares, et, dans l'état actuel du Trésor, leur nombre est relativement restreint[1]. D'ailleurs que peuvent-ils réclamer? Non point un capital dont le payement imprévu pourrait constituer une perte pour le Trésor et déranger les prévisions budgétaires, mais le rétablissement d'un droit à des arrérages à venir, c'est-à-dire à des sommes en général modiques, et, en outre, le rappel des cinq années d'arrérages non encore prescrits[2].

Il faut ajouter cependant que si l'imprescriptibilité du droit à la rente est aujourd'hui un principe incontestable, aucun texte ne l'a formelle-

---

1. Note communiquée par le ministère des finances.

2. L'art. 2377, C. civil, a pour effet de frapper les arrérages année par année, à mesure que le pensionnaire est, pour chaque terme, en retard de cinq années. On comprend dès lors que les arrérages des cinq dernières années soient ici conservés.

ment consacré. Une loi du 15 juin 1872, art. 16, a seulement fait une restriction en ce qui concerne les titres de rentes au porteur : le détenteur d'un titre au porteur qui a perdu son titre pourra faire sa réclamation au Trésor pendant vingt ans. Ce délai passé, le Trésor sera définitivement libéré envers lui[1]. C'est une prescription spéciale, mais qui n'atteint que les rentes au porteur.

2° Les arrérages des pensions, militaires ou civiles, se prescrivent par trois ans, à compter de l'échéance du dernier payement[2]. Ce n'est plus ici la prescription établie par l'article 2277 du Code civil, dont l'effet est de frapper les arrérages année par année. Dès que trois ans se sont écoulés sans que la pension ait été touchée, la déchéance frappe à la fois les arrérages afférents à ces trois années. Les pensionnaires qui se présentent, après ces délais, n'obtiennent leur rétablissement que pour l'avenir.

Quant au droit lui-même, il est éteint pour le créancier après cinq années d'inaction.

1. Art. 16, § 2, *in fine* : « Toutefois les cautionnements « exigés par l'administration des finances pour la délivrance « des *duplicata* de titres perdus, volés ou détruits seront « restitués, si dans les vingt ans qui auront suivi, il n'a été « formé aucune demande de la part des tiers porteurs, soit « pour les arrérages, soit pour le capital. Le Trésor sera « définitivement libéré envers le porteur des titres primitifs, « sauf l'action personnelle de celui-ci contre la personne « qui aura obtenu le duplicata. »

2. L. du 9 juin 1853.

3° La déchéance établie par la loi de 1831 ne s'applique pas aux capitaux des sommes déposées au Trésor à titre de cautionnement pour la garantie de l'accomplissement des obligations imposées aux comptables de deniers publics, aux fournisseurs, aux entrepreneurs de travaux. On en aperçoit facilement la raison. Le cautionnement constitue un dépôt sur lequel l'État n'aura de droit qu'autant que les obligations des comptables et des fournisseurs ne seront pas remplies. Il doit être restitué quand les opérations sont terminées.

Toutefois, l'Etat ne peut pas indéfiniment rester débiteur. Le législateur lui a donné le droit de se libérer en restituant le montant du cautionnement à la Caisse des dépôts et consignations, un an après le terme fixé pour le retrait du cautionnement[1]. Le Trésor se dispense par là d'en servir les intérêts.

La Caisse des dépôts ne pourra pas plus prescrire que l'État, car il ressort de sa nature et de son objet qu'elle possède à titre précaire; le Code civil s'oppose à ce que celui qui possède à ce titre puisse jamais prescrire.

D'ailleurs les intérêts des cautionnements se prescrivent, comme les arrérages des rentes, par cinq ans[2].

1. Art. 10, L. du 9 juillet 1836. — Art. 144, décret de 1862.

2. Art. 141, décret de 1862.

DU TRÉSOR
CONSIDÉRÉ COMME CRÉANCIER.

En France, où le droit romain, avec tous les priviléges qu'il donnait au fisc, a toujours reçu l'application la plus large, les institutions destinées à garantir les droits du Trésor contre ses débiteurs sont plus nombreuses que dans la plupart des autres États[1]; on peut dire qu'elles sont aussi variées que les faits mêmes qui peuvent le constituer créancier.

La principale créance du Trésor dérive de l'impôt.

J.-B. Say définit l'impôt : « Cette portion du bien des particuliers que le Gouvernement consacre à satisfaire les désirs et les besoins du corps social[2] », et Vauban disait, voulant justifier la le-

1. Charles de Hock : Administration financière de la France (en allemand).
2. Cours d'économie politique, t. II.

gitimité de l'impôt : « Aucun État ne peut se soutenir si les sujets ne le soutiennent. Or ce soutien comprend tous les services de l'État auxquels, par conséquent, tous les sujets sont obligés de contribuer. De cette nécessité il résulte : *Premièrement*, une obligation naturelle aux sujets de toute condition de contribuer à proportion de leur revenu ou industrie, sans qu'aucun d'eux s'en puisse raisonnablement dispenser ; *deuxièmement*, qu'il suffit, pour autoriser ce droit, d'être sujet de cet État ; *troisièmement*, que tout privilége qui tend à l'exemption de cette contribution est injuste et abusif, et ne peut ni ne doit prévaloir au préjudice du public[1]. »

Il ressort clairement de ces définitions de l'impôt, que l'État se trouve être créancier de l'universalité des citoyens ; nul n'y échappe, c'est une dette commune, et le Trésor compte autant de débiteurs qu'il y a de membres dans le corps social. C'est là le caractère essentiel qui distingue le droit à l'impôt de toutes les autres créances de l'État. Ce qui l'en sépare encore, c'est qu'il émane d'une cause permanente, qu'il se renouvelle périodiquement, qu'il est la condition nécessaire de l'existence normale de l'État.

Mais si l'impôt est la principale source des créances du Trésor, il faut se garder de croire que

---

1. Vauban : Projet d'une *Dîme Royale*.

ce soit la seule. Certains faits accidentels peuvent faire naître à son profit des droits personnels, tantôt contre de simples particuliers, tantôt contre ses propres agents, tantôt même contre des États voisins.

Dans ses rapports avec les particuliers, l'État peut vendre des biens, meubles ou immeubles du domaine, ou les donner à bail; ce qui le constituera créancier du prix. Il peut commander des fournitures ou des travaux; sa créance alors a pour objet, non plus une somme d'argent, mais l'exécution des obligations contractées par l'entrepreneur ou le fournisseur; il peut se trouver créancier de sommes d'argent à raison de condamnations judiciaires prononcées contre des particuliers, ou d'avances faites à des entrepreneurs de travaux et qu'il y aurait lieu de répéter.

Dans ses rapports avec ses agents, il a le droit d'exiger d'eux, s'il s'agit de comptables des deniers publics, les reliquats des sommes qui proviennent des recettes effectuées, et, dans tous les cas, la fidèle exécution de toutes les obligations qui résultent de leur mandat.

Enfin on peut admettre encore que l'État soit créancier de pays étrangers, à la suite de guerres, de traités diplomatiques ou de conquêtes. Mais cette situation intéresse le droit des gens, et n'obéit point à des règles fixes et permanentes. Nous n'avons pas à l'envisager ici.

Ce ne sont point là toutes les créances de l'État,

mais ce sont les principales. Certaines règles sont communes à toutes les créances. Mais à côté de ces principes généraux, applicables dans toutes les hypothèses, il existe des règles spéciales à chacune d'elles, dont le fondement repose soit sur la nature de la créance, soit sur la qualité du créancier.

Nous nous efforcerons de faire ressortir, avant tout, les nombreux points de contact qui rattachent en cette matière le droit administratif et la législation civile.

CHAPITRE PREMIER.

PRIVILÉGES DU TRÉSOR EN MATIÈRE D'IMPÔTS.

Il était dans l'intention des rédacteurs du Code de réunir, dans un texte unique, sinon toutes les garanties, du moins les *priviléges* du Trésor. Mais ce projet fut abandonné, et l'article 2098 du Code Napoléon se contenta de renvoyer aux différentes lois administratives qui devaient les instituer. « Les priviléges, à raison des droits du Trésor et l'ordre dans lequel ils s'exercent, sont réglés par les lois qui les concernent ».

I. — Pour assurer le recouvrement des impôts

directs, la loi au 12 novembre 1808 accorde au Trésor un privilége sur les biens du contribuable. Ce privilége existait déjà en vertu d'une loi du 11 brumaire an VII, article 2, mais il était limité à la contribution foncière et il s'exerçait sur les immeubles du redevable. La loi de 1808 l'a étendu quant aux impôts dont il sert à assurer le recouvrement, et restreint quant aux objets sur lesquels il porte. Article 1er : « Le privilége du Trésor public pour le recouvrement des contributions directes est réglé ainsi qu'il suit, et s'exerce avant tout autre :

1° Pour la contribution foncière de l'année échue et de l'année courante, sur les récoltes, fruits, loyers et revenus des biens immeubles sujets à la contribution;

2° Pour l'année échue et l'année courante des contributions mobilière, des portes et fenêtres, des patentes et toute autre contribution directe et personnelle, sur tous les meubles et effets mobiliers appartenant aux redevables, en quelque lieu qu'ils se trouvent. »

— Ainsi la loi distingue deux classes de contributions directes; l'une comprend la contribution foncière, l'autre embrasse la contribution mobilière, celle des portes et fenêtres, celle des patentes et toute autre contribution directe et personnelle. Toutefois il n'y a, à proprement parler, de différences entre ces deux classes qu'au point de vue des choses sur lesquelles porte le privilége du Trésor. Quant à la contribution foncière, le privilége s'exerce uniquement sur les fruits naturels et civils des immeubles soumis à l'impôt, quant aux autres contributions directes, le privilége s'exerce sur tous les biens meubles appartenant aux redevables, en quelque lieu qu'ils se trouvent. Ainsi le privilége est général sur tous les meubles dans un cas, il est particulier sur certains meubles dans l'autre.

Il y a une autre différence entre ces deux priviléges : celui dont l'objet est de garantir le payement de l'impôt foncier suit la chose même et peut l'atteindre entre les mains du tiers acquéreur auquel aurait été transmis l'immeuble dont le produit est grevé au profit du Trésor[1]. C'est là une dérogation au principe de droit civil que les *meubles n'ont pas de suite par privilége.* Ainsi le Trésor peut recouvrer l'impôt de la contribution foncière, même entre les mains d'un tiers, acquéreur de l'immeuble. Au contraire, le privilége qui a pour objet de garantir le payement des autres contributions directes ne donne pas au Trésor le droit de suivre la chose affectée, et ne peut s'exercer sur les meubles qu'autant qu'ils sont en la possession du redevable au jour des poursuites[2].

Sous tous les autres rapports, les deux privi-

1. C. de cass. req. 6 juillet 1852.
2. C. de cass. 17 août 1847.

léges établis par la loi de 1808 sont semblables entre eux. Ainsi ils ne s'étendent dans aucun cas aux immeubles des contribuables. La loi, il est vrai, ne le dit pas expressément, mais l'exposé des motifs qui l'a précédée ne laisse aucun doute à cet égard. « Ce projet, disait M. Jaubert, rejette toute idée de privilége sur les immeubles. Il pourrait y avoir du danger à laisser aux percepteurs la faculté de vexer les redevables, en intentant des procédures en expropriation forcée, ce qui pourrait arriver si le privilége s'étendait sur les immeubles. Ainsi, un des points fondamentaux de ce projet, c'est que le privilége ne s'étendra pas sur les immeubles. » Mais il va sans dire que le Trésor n'a pas perdu le droit d'agir sur les biens du contribuable comme un créancier ordinaire. A défaut de meubles, il viendrait en concurrence sur le prix des immeubles vendus comme tout autre créancier[1].

De même il y a similitude parfaite quant à l'objet du privilége. Pour la contribution foncière comme pour les autres contributions directes, la créance garantie par le privilége est l'impôt de l'année échue et de l'année courante; ainsi deux années et rien de plus. C'eût été entraver les transactions qu'assurer par un privilége la dette de l'impôt pour une plus longue durée. D'ailleurs pour toutes les années non payées que le privilége

1. Art. 3, L. 12 nov. 1808.

n'atteindrait pas, la créance du Trésor n'en subsisterait pas moins, jusqu'au jour où elle serait atteinte elle-même par la prescription.

Il en est de même en ce qui concerne le rang du privilége. Qu'il ait pour objet l'impôt foncier ou les autres contributions directes, il s'exerce *avant tout autre*, aux termes de la loi de 1808.

Comment expliquer cette préférence marquée accordée au privilége du Trésor sur d'autres créanciers privilégiés également dignes de faveur et sacrifiés de la sorte aux droits du fisc? « Les biens que nous possédons, disait M. de Montesquiou dans son rapport au Corps législatif, n'appartiennent pas à l'Etat, mais nous devons une portion de leur revenu pour nous assurer la jouissance du reste. » A ce point de vue, on peut considérer l'impôt comme la représentation *des frais faits pour la conservation de nos biens ;* on s'expliquera alors que notre privilége soit assimilé à celui de l'article 2102-3° du Code civil : le privilége destiné à garantir le remboursement des frais pour la conservation d'une chose passe avant tout autre privilége, à l'exception pourtant des frais de justice désignés par l'article 2101 du Code civil. De même ici, la plupart des auteurs, restreignant les expressions trop absolues de la loi de 1808, décideront que le privilége du Trésor, préférable à tout autre, doit cependant passer après celui qui a pour objet le recouvrement des frais de justice, c'est-à-dire des frais de vente faits pour arriver à la réalisation du gage et des frais de distribution par contribution aux différents créanciers du redevable[1].

Remarquons en terminant que le privilége de la seconde catégorie s'appliquera au recouvrement de toutes contributions rentrant dans la nature des contributions directes, et par suite des taxes assimilées aux contributions directes établies par des lois récentes.

II. En ce qui concerne le recouvrement des contributions *indirectes* proprement dites, un décret du 1er germinal an XIII contient, dans son article 47, la disposition suivante :

« La régie des droits réunis (aujourd'hui l'administration des contributions indirectes) aura privilége et préférence à tous les créanciers sur les meubles et effets mobiliers des *comptables* pour leurs débets et sur ceux des *redevables* pour leurs droits, à l'exception : 1° des frais de justice; 2° de ce qui sera dû pour six mois de loyer seulement; 3° et sauf aussi la revendication dûment formée par les propriétaires des marchandises en nature qui seront encore sous balle et sous corde ».

Des deux priviléges organisés par cet article, celui qui grève les meubles des comptables a été modifié par une loi du 5 septembre 1807 dont nous aurons à nous occuper. Mais cette loi n'ayant

1. Duranton, t. XIX, n° 231; Pont, n° 88.

rien dit des redevables, il semblait incontestable que le privilége organisé par le décret de l'an XIII subsistât à leur égard. Cependant la Cour de cassation par un premier arrêt du 27 février 1833 décida que la loi de 1807 s'appliquait aux deux classes de débiteurs du Trésor, et que dès lors le décret de l'an XIII se trouvait abrogé. Mais par de nombreuses décisions ultérieures, elle revint sur cette jurisprudence. Le décret de l'an XIII est donc en vigueur, le privilége des contributions indirectes subsiste et devra s'exercer dans les conditions déterminées par ce décret. Ainsi il affecte la généralité des meubles et effets mobiliers des débiteurs jusqu'à concurrence des sommes dues au Trésor et prime toutes les autres créances, sauf les exceptions que le décret détermine. Il sera donc primé :

1° Par les frais de justice ;

2° Par le privilége du propriétaire, mais seulement à raison de ce qui est dû à celui-ci pour six mois de loyer ; ainsi, vis-à-vis de l'administration des contributions indirectes, l'exercice du privilége du propriétaire est limité à six mois de loyer, et, dans une distribution par contribution entre les différents créanciers, celui-ci serait primé par le Trésor pour tout ce qui dépasse le loyer dû depuis une demi-année.

3° Enfin il n'existera que sauf le droit de revendication consacré en faveur des tiers de bonne foi, droit qui, du reste, pourra s'exercer non-seulement sur les marchandises *sous balle et sous corde*, mais encore sur tous autres objets trouvés entre les mains du redevable et dont un tiers revendiquant établirait qu'il est propriétaire.

III. En matière de *douanes*, les créances du Trésor sont garanties, en premier lieu par le droit de gage qui résulte de la saisie des objets soumis aux droits et de leur dépôt dans les bureaux des douanes ; ce droit résulte de l'article 2073 du Code civil.

Mais, en outre, le Trésor jouit, dans ce cas encore, d'un privilége d'origine plus ancienne que les précédents ; il a été créé par une loi du 22 août 1791, qui réglait l'exécution du tarif des droits d'entrée entre la France et l'étranger, et confirmé par une loi du 4 germinal an II, ainsi conçue : « La République est préférée à tous créanciers pour droits, confiscation, amendes et restitutions, et avec la contrainte par corps. »

On a soutenu, comme pour le privilége en matière de contributions indirectes, que la loi de brumaire an VII avait anéanti le privilége des douanes ; mais cette opinion est aujourd'hui généralement rejetée. Une lettre du Grand Juge, en date du 4 mai 1810, et une loi de finances du 28 avril 1816, ont définitivement consacré le privilége du Trésor en cette matière.

Le privilége de la douane a, d'après les termes de la loi[1], ce caractère fondamental qu'il affecte la

1. Art. 22.

généralité des meubles et effets mobiliers des redevables. On a prétendu cependant qu'il doit
être restreint aux seules marchandises passibles
de l'impôt; dans une espèce où il s'agissait de
distribuer le prix d'un navire saisi, de son char-
gement et du fret, on a prétendu que l'administration des douanes ne pouvait pas être collo-
quée à raison des droits dus par le propriétaire
du navire pour des marchandises arrivées précédemment et sur un autre navire. Mais cette prétention a été rejetée. Elle est en opposition avec
les termes généraux de la loi qui, en affectant les
meubles et effets mobiliers, embrasse nécessairement et les objets pour lesquels les droits sont
dus à la régie et ceux pour lesquels la régie n'a
rien à percevoir.

—Dans quel ordre doit s'exercer le privilége de
la douane?

La loi de 1791 dit que ce privilége s'exercera
de préférence à tous autres créanciers, *à l'exception des frais de justice* et autres *privilégiés* et
du loyer de six mois; d'un autre côté, la loi de
l'an II porte que la République est préférée *à tous
créanciers*. La loi de l'an II a-t-elle entendu, en
abrogeant la disposition de la loi de 1791, pla-
cer le privilége de la régie dans un rang supérieur? Nous ne le pensons pas; la loi de l'an II n'a
pas été faite pour anéantir la première, mais pour
en étendre l'application aux confiscations, aux
amendes et aux restitutions, en y ajoutant la con-

trainte par corps. Ainsi le privilége de la douane est primé en premier lieu par les frais de justice; mais il est primé en outre par les *autres privilégiés*. Il faut entendre par là, suivant M. Troplong[1], non pas seulement les autres priviléges du Trésor, mais les priviléges généraux qui résultent de l'article 2101 du Code civil. Ainsi le privilége de la douane sur les biens du redevable passera après les frais funéraires, ceux de dernière maladie, les gages des serviteurs et les fournitures de subsistance; en outre, aux termes mêmes de notre loi de 1791, il sera primé par les loyers de six mois, et enfin par le privilége du vendeur qui revendique ses marchandises en nature.

L'administration des douanes perd son privilége ou s'interdit de l'exercer lorsqu'elle fait ou laisse faire des actes d'où l'on peut induire de sa part la renonciation à ses droits. Ainsi les marchandises mises en entrepôt sont-elles vendues par celui qui les avait déposées, si cette vente a été accompagnée de tous les signes extérieurs qui pouvaient la révéler sans qu'il y ait eu réclamation de la part des employés de la douane, on devra voir là les indices d'une véritable renonciation. Il va sans dire que la créance de la régie contre le redevable n'en subsisterait pas moins, mais dépouillée du privilége destiné à en assurer le payement.

1. Priv. et Hypoth., n° 34.

IV. La loi du 22 frimaire an VII sur l'*Enregistrement* a réglé ainsi qu'il suit l'action de la régie pour le payement des droits de mutation dus après décès.

L'article 32 porte : « Les droits des déclarations « des mutations par décès seront payés par les « héritiers, donataires ou légataires.

« Les cohéritiers seront solidaires.

« La nation aura action sur les revenus des « biens à déclarer, en quelques mains qu'ils se « trouvent, pour le payement des droits dont il « faudrait poursuivre le recouvrement ».

Cet article soulève l'examen de plusieurs questions. La plus importante est celle de savoir si c'est bien un privilége qu'il accorde à la régie. Si on ne consultait que la jurisprudence, aucun doute ne serait possible ; la Cour de cassation s'est en tout temps prononcée dans le sens du privilége. Elle a seulement varié quant à la portée qu'il fallait lui donner. Longtemps elle a prétendu que le privilége ne se borne pas aux fruits des immeubles de la succession, qu'il s'étend à toutes les valeurs mobilières et même aux immeubles, lorsque la régie a pris inscription, après le payement des créances inscrites antérieurement[1]. Mais deux arrêts de la Cour de Paris, en date du 13 mars 1855, ont montré, en l'exagérant, le danger de ce système. En reconnaissant

---

[1]. Cass. arr. 3 déc. 1839, aff. Bidault.

à l'administration de l'enregistrement, comme l'avait fait jusque-là la Cour de cassation, un privilége sur tous les biens de la succession, ils fondent ce privilége sur une sorte de droit de copropriété ou de droit éminent qui existerait au profit de l'État sur la fortune de tous les citoyens. Cette doctrine, possible à Rome, où la conquête était le fondement de la propriété individuelle, est incompatible avec les institutions modernes et ne saurait être admise sans conduire à la négation même de la propriété. Aussi la Cour de cassation, par quatre arrêts rendus le même jour[1], à la suite d'une discussion fort approfondie, a abandonné sa jurisprudence antérieure. Elle a décidé que la régie ne jouit d'aucun privilége sur les meubles ou immeubles mêmes de la succession, et bien moins encore d'un droit de copropriété, qui l'autoriserait à prélever sur la valeur de ces biens le montant des droits qui peuvent lui être dus. Mais elle lui reconnaît un véritable privilége sur les revenus de tous ces biens; elle se fonde sur ce que la loi du 22 frimaire an VII, en attribuant à la régie de l'enregistrement une action sur les revenus des biens à déclarer, en quelque main qu'ils se trouvent, lui a, par cela même, reconnu un droit de préférence sur ces revenus.

La doctrine est loin de s'accorder ici avec la jurisprudence. La première objection qu'elle tire

1. 22 juin 1857.

contre l'existence du privilége résulte précisément de l'incertitude qui règne dans les nombreuses décisions des tribunaux en cette matière. Si la loi consacrait réellement un privilége en faveur de la régie, elle n'aurait pas manqué d'être assez précise pour qu'on s'entendît au moins en ce qui concerne les biens affectés à ce privilége qu'elle aurait créé.

Il faut remarquer en outre que tous ceux qui admettent le privilége le font dériver de la loi fondamentale sur l'enregistrement du 22 frimaire an VII. Or quelle probabilité y a t-il que cette loi soit réellement le principe du privilége, quand on sait que cinq années après sa date les rédacteurs du Code proposaient d'inscrire au rang des priviléges s'étendant aux meubles et aux immeubles celui de la régie des domaines relativement aux droits dus pour les ouvertures de succession[1]? Évidemment si le privilége de la régie eût été établi déjà par la loi de l'an VII, les rédacteurs du Code n'auraient pas eu en l'an XII la pensée de l'établir de nouveau.

Qu'on prenne d'ailleurs dans la loi de frimaire le texte même d'où résulterait le privilége, et l'on verra s'il est possible de lui donner cette signification. Ce texte serait celui de l'article 32 rapproché de l'article 15 dans lequel on voit que le droit est établi sur la valeur des biens à déclarer

1. Fenet, t. XV, p. 30.

sans distraction des charges. En quoi ces deux articles font-ils naître l'idée d'un privilége? Nous ne saurions le voir. La loi, dans tout ceci, s'occupe de deux objets qui n'ont évidemment pas la moindre corrélation avec l'idée que l'action de la régie serait privilégiée : l'un, en effet, est de fixer la valeur sur laquelle le droit doit être calculé, et de là il est vraiment impossible d'induire aucun privilége en faveur du fisc à l'égard des autres créanciers de la succession; l'autre est de créer une obligation solidaire à l'égard des *cohéritiers,* en déterminant la chose sur laquelle devra porter l'action de la régie, ce qui est encore fort éloigné de la pensée d'un privilége, puisque par essence le privilége s'exerce entre *créanciers.*

V. La loi de finances du 28 avril 1846 a consacré, en faveur du Trésor « pour le recouvrement des droits de timbre et des amendes de contravention y relatives », un privilége semblable à celui qui assure le recouvrement des contributions directes. Ce privilége est donc semblable en tous points à celui qu'a organisé la loi du 12 novembre 1808; mais, en se référant aux règles édictées dans cette loi, il faudra appliquer au droit de timbre le privilége qui frappe la généralité des meubles du contribuable, c'est-à-dire celui de la seconde catégorie des contributions directes, et non pas le privilége qui porte seulement sur les fruits et les revenus des immeubles, lequel est propre exclusivement à l'impôt foncier.

CHAPITRE DEUXIÈME.

PRIVILÉGE DU TRÉSOR POUR LE RECOUVREMENT DES FRAIS DE JUSTICE CRIMINELLE.

Indépendamment des priviléges destinés à assurer le recouvrement des différentes contributions, le Trésor public a un privilégé spécial pour le recouvrement des frais de justice en matière criminelle, correctionnelle et de police.

Sous l'ancien régime, les frais des procès criminels étaient laissés à la charge du roi ou des seigneurs justiciers quand il n'y avait point de partie civile; quand il y en avait une, c'était elle qui avançait tous les frais[1]. On tenait pour certain, dans la plupart des parlements, que les condamnés ne pouvaient pas être soumis aux dépens et l'on se fondait pour cela sur la maxime : *fiscus gratis semper laborat.* Mais le fisc trouvait moyen de se dédommager amplement, car si on ne condamnait pas les coupables aux frais de leurs procès criminels, on leur infligeait une amende arbitraire pour

1. Ferrière : Diction. de droit, *Frais en procès criminels.*

en tenir lieu, et le recouvrement de cette amende
était assuré par un privilége sur leurs immeubles
et par une hypothèque sur leurs meubles, de
telle sorte que le fisc non-seulement n'y perdait
rien, mais se trouvait largement indemnisé de ses
avances.

Après plusieurs essais d'amélioration tentés par
quelques lois successives, un système nouveau
sortit de la loi du 5 septembre 1807.

Cette loi laisse les frais de justice à la charge
des condamnés en matière criminelle, correctionnelle et de police, et en organise le recouvrement.

Il résulte de ses termes que le Trésor public a
un privilége général qui frappe en premier lieu
les meubles et effets mobiliers du condamné; il
ne s'exerce qu'après les priviléges désignés aux
articles 2101 et 2102 du Code Napoléon et après
les sommes dues pour la défense du condamné[1].
Il porte en second lieu sur les immeubles; mais le
Trésor ne peut l'invoquer qu'à la charge de l'inscrire
dans le délai, de deux mois à compter de la condamnation; passé ce délai, ses droits ne s'exercent
qu'en conformité de l'article 2113 du Code civil,
c'est-à-dire qu'ils dégénèrent en simples hypothèques ne prenant plus date qu'à partir du jour où
ils sont inscrits.

Le privilége a pour objet *les frais de justice*; il

____

[1] Art. 2.

ne faudrait pas l'étendre aux amendes prononcées contre le condamné. La créance du Trésor pour le recouvrement des amendes sera garantie par une *hypothèque judiciaire*, car elle est née d'un jugement, ce qui la place sous le principe posé par l'article 2123 du Code Napoléon. Il ne pourrait être question pour cet objet de privilége, puisque les amendes constituent des peines et non des frais, et que les termes de la loi excluent l'idée que le privilége ait pour objet autre chose que des frais.

Quelle est l'étendue du privilége? La loi y affecte les meubles et les immeubles du condamné. Mais le recours du Trésor sur les immeubles n'a lieu que subsidiairement, et à défaut de meubles suffisants pour le désintéresser. La loi ne le dit pas expressément; mais les créanciers de l'article 2101 du Code civil, dont le privilége s'étend aussi aux meubles et aux immeubles de leur débiteur, ne l'exercent sur les immeubles que subsidiairement. Or il serait peu logique que le privilége du Trésor, moins favorisé que celui de ces créanciers, puisqu'il est primé par eux, fût traité cependant plus favorablement sous ce rapport.

Quel est le rang qu'on assignera au privilége du Trésor? Il faut distinguer à cet égard, suivant qu'il s'exerce sur les meubles, ou à défaut de meubles, sur les immeubles du condamné. Dans les deux cas la loi s'est attachée à ne laisser aucun doute.

Le privilége du Trésor ne s'exerce sur les meubles qu'après les priviléges désignés aux articles 2101 et 2102 du Code civil et après les sommes dues pour la défense personnelle du condamné. On classera donc en première ligne les créanciers des articles 2101 et 2102, immédiatement après le défenseur, le Trésor en troisième ligne et après lui les autres créanciers que le condamné pourrait avoir[1].

Ce classement a été gravement contesté ; on considère que la créance du défenseur, n'ayant été déclarée privilégiée par aucune loi, ne saurait passer avant aucune autre créance du condamné. Mais cette théorie répugne au véritable esprit et même aux dispositions formelles de la loi de 1807. Cette loi établit virtuellement un véritable privilége en faveur des sommes dues pour la défense du condamné. Ainsi, le défenseur et le Trésor doivent être colloqués pour l'intégralité de leurs créances avant les créanciers chirographaires, la créance du Trésor cédant le pas à celle du défenseur.

Quand le privilége s'exerce sur les immeubles, c'est seulement après les priviléges et les droits suivants[2] :

A. Les priviléges énumérés en l'article 2101 du Code civil ;

B. Les priviléges indiqués en l'article 2103 du

---

1. Marcadé et Pont, *Priv. et Hipoth.*, p. 36.
2. Art. 4, L. 8 sept. 1807.

même Code, pourvu qu'ils aient été dûment conservés;

C. Les hypothèques légales existant indépendamment de l'inscription, lorsqu'elles sont antérieures soit au mandat d'arrêt décerné contre
le condamné, soit au jugement de condamnation,
s'il n'a pas été décerné de mandat d'arrêt;

D. Les autres hypothèques, pourvu qu'elles
soient inscrites avant le privilége du Trésor et
qu'elles résultent d'actes ayant date certaine antérieure au mandat d'arrêt ou au jugement de
condamnation;

E. Les sommes dues pour la défense personnelle du condamné.

— Tels sont, rapidement examinés, les priviléges établis au profit du Trésor et destinés à
assurer le recouvrement des impôts et des différents droits fiscaux qui alimentent les caisses de
l'État. Le législateur du Code avait eu la pensée
de réunir dans un texte unique toutes les dispositions relatives aux priviléges du fisc. Mais cette
idée fut abandonnée, et c'est en recourant aux lois
spéciales éparses de 1791 à 1816 qu'on arrive à
reconstituer la législation de la matière.

Il résulte de cette analyse que les priviléges
du Trésor sont dans un rang tantôt préférable,
tantôt inférieur aux priviléges du droit civil,
chacune des lois spéciales qui les concernent
ayant pris soin de s'expliquer sur le degré de faveur qu'elle leur accorde dans leur concours avec

les priviléges du droit commun. Mais ces lois n'ont rien décidé pour le cas où plusieurs priviléges du Trésor se trouveraient en concours. En réalité, la question présente peu d'intérêt, puisqu'en définitive les différentes sommes que les priviléges sont chargés de garantir doivent toujours aboutir dans les caisses de l'État, et qu'il n'y a qu'un créancier unique, le Trésor. Cependant il faut bien remarquer que les percepteurs et les receveurs des finances, ainsi que les administrations qu'ils représentent, ont leurs attributions respectives et leurs droits distincts qu'il leur importe de ne pas laisser confondre. On sait d'ailleurs que les remises des comptables sont en général calculées sur le montant des sommes qu'ils perçoivent, et qu'enfin leur responsabilité peut être, en certains cas, gravement engagée par le défaut de recouvrement des produits qu'ils sont chargés de recevoir. Il y a donc pour eux un intérêt réel à savoir dans quel ordre doivent s'exercer les priviléges du Trésor.

La règle à suivre à cet égard se résume dans cet adage de droit romain : *si vinco vincentem te, a fortiori te vincam ;* le créancier privilégié qui en prime un autre prime nécessairement aussi tous ceux qui sont primés par celui-ci. Sans appliquer cette maxime à toutes les hypothèses possibles, il nous suffit d'examiner ce qui se passe pour le privilége des contributions directes. Il aura la priorité à la fois sur celui des contributions indirectes,

des douanes, sur celui des frais de justice criminelle, correctionnelle et de police. Cela résulte
évidemment de ce que ces divers priviléges sont
primés par les priviléges généraux de l'article 2101,
qui sont eux-mêmes primés par celui de la contribution directe.

Quant au privilége des droits de timbre et
des amendes, il est, nous le savons, au même
rang que celui des contributions directes[1]. En cas
de concours de ces deux priviléges, ils s'exercent
ensemble au prorata du montant de chaque
créance.

C'est en appliquant le même procédé à tous les
cas où des créances privilégiées du Trésor pourront se trouver en présence qu'on arrivera à assigner à chacune d'elles le rang que lui désignent
et la logique du droit et l'esprit de la loi qui l'a
instituée.

— Une règle commune à tous les priviléges du
Trésor résulte du deuxième alinéa de l'article 2098
du Code civil, qui décide d'une façon générale
« que le Trésor ne pourra obtenir de privilége au
préjudice des droits antérieurement acquis à des
tiers ».

Cette disposition a divisé les auteurs. Les uns[2]
estiment que le législateur a entendu seulement
sauvegarder les droits acquis à des tiers avant la
promulgation des lois nouvelles qui pourraient

1. Loi du 28 avril 1816, art. 70.
2. Troplong, n° 00 ; Pont et Marc, n° 20.

intervenir ; les autres[1] voient là autre chose qu'une simple application du principe de la non-rétroactivité des lois. Ils considèrent que l'article 2098 entend régler le concours du Trésor avec des tiers-acquéreurs ou des créanciers qui, dès avant la naissance des droits du Trésor, avaient des droits de propriété ou de préférence sur les biens des redevables. Ces droits, en pareil cas, l'emporteraient sur le privilége du Trésor.

D'après ce système, la loi du 5 septembre 1807, relative aux frais de justice criminelle, a voulu faire une application particulière de la règle posée par le deuxième alinéa de l'article 2098, en disposant dans son article 4 que le privilége du Trésor ne s'exercerait sur les immeubles des condamnés qu'après les hypothèques, légales ou autres, antérieures au mandat d'arrêt ou au jugement de condamnation.

On devrait conclure de la même règle que le privilége des contributions directes ne peut s'exercer au préjudice du créancier nanti d'un gage dès avant l'époque à laquelle remonte ce privilége, ni celui des droits de mutation par décès, pour ceux qui admettent le principe de la régie, au préjudice des créanciers ayant à faire valoir un privilége du chef du défunt[2].

Une discussion qui eut lieu au Conseil d'État lors de la confection du Code ne laisse aucun

1. Aubry et Rau, § 203 *bis*.
2. Amiens, arr. 18 nov. 1854.

doute sur le véritable sens de l'article 2098, 2° alinéa ; le législateur a voulu maintenir au regard du Trésor l'efficacité des priviléges acquis avant la naissance de ses créances privilégiées. Toutefois il faut bien reconnaître que cette doctrine présente l'inconvénient grave d'altérer la nature essentielle du privilége, puisqu'au lieu d'en faire un droit qui se mesure uniquement à la faveur de la cause, elle le rapproche de l'hypothèque, en tenant compte dans le rang qu'elle lui assigne de la priorité du temps. Il faudra donc ou reconnaître au privilége du Trésor un caractère propre, ou, s'en tenant au premier système, ne voir dans le 2° alinéa de l'article 2098 qu'une application du principe de la non-rétroactivité des lois.

CHAPITRE TROISIÈME.

GARANTIES DU TRÉSOR CONTRE LES COMPTABLES DES DENIERS PUBLICS.

§ Ier. — *Du cautionnement.*

On se représente plus volontiers le Trésor comme le débiteur de ses agents que comme leur créancier. Les intérêts qu'il paye pour leurs cautionnements et qui constituent dans le budget de l'État un des éléments de sa dette flottante, la restitution qu'il doit faire du capital de ces cautionnements lorsqu'ils sont sortis de fonctions, lui donnent l'apparence habituelle d'un débiteur.

Il est plus vrai de dire cependant que cette dette n'existerait pas, du moins à l'égard des comptables, sans les droits que l'État peut avoir à exercer contre eux. Elle n'est en effet qu'une conséquence des garanties dont il a cru devoir s'entourer pour sa sûreté; aussi n'est-ce pas en étudiant les obligations du fisc, mais ses droits, qu'il est naturel de traiter des cautionnements et des autres garanties de l'État contre la négligence, l'impéritie ou la mauvaise foi de ceux qui ont le maniement des deniers publics.

Le *cautionnement* est une sûreté que doivent fournir certains fonctionnaires publics à leur entrée en charge, et qui est destinée à garantir la fidélité de leur gestion. Il n'a rien de commun avec le cautionnement du Code civil[1], bien qu'il s'agisse, dans l'un comme dans l'autre cas, de garantir une créance. Mais il y a entre eux cette différence essentielle que le cautionnement du droit civil constitue une sûreté *personnelle*, un débiteur s'adjoint un tiers qui s'engage à payer pour lui si le débiteur principal ne paye pas; au

1. Art. 2011.

contraire, le cautionnement des fonctionnaires est une sûreté *réelle*; il consiste soit dans la remise d'une somme d'argent, soit dans l'affectation speciale d'une valeur mobilière ou quelquefois d'un immeuble au payement des dettes contractées envers l'État dans l'exercice de la fonction.

Quel est le contrat du droit civil auquel il correspond? Sans parler du cautionnement en immeubles qui constitue un véritable droit d'hypothèque sur les biens du comptable qui y sont affectés, que faut-il penser du cautionnement fourni en numéraire ou en rentes?

Est-ce un *dépôt?* On peut le croire si l'on considère que l'État détient, sans en être propriétaire, une valeur qui lui est confiée, qu'il s'oblige à la garder et à la rendre dans son intégralité lorsque le moment sera venu. Ce sont là, en effet, tous les caractères du dépôt.

Mais il ne faut pas perdre de vue que le dépôt ne produit pas d'intérêts et que le cautionnement en produit. En outre, si le dépositaire est obligé, le jour venu, de restituer la chose au déposant, l'État peut au contraire, et c'est là l'utilité du cautionnement, s'approprier dans certains cas les valeurs qui lui ont été remises. Enfin, ce qui suffirait à démontrer la différence des deux contrats, c'est que le dépositaire rend un service à autrui, l'État au contraire cherche dans le cautionnement une garantie pour lui-même, bien que d'une certaine manière on puisse prétendre qu'il rend également service à son agent en lui ôtant ainsi la prétention de prévariquer.

Est-ce un *emprunt* fait aux fonctionnaires? On trouve, en effet, dans le cautionnement, les caractères généraux du prêt. On voit un capital que le titulaire abandonne à l'État pendant un certain temps et qui devra lui être restitué à un moment déterminé; on voit des intérêts qui sont payés jusqu'au jour de la restitution.

Toutefois il y a encore ici cette différence importante entre les deux contrats, que l'État peut, le cas échéant, se refuser à rembourser le cautionnement, tandis qu'un emprunteur ne saurait refuser de rendre les sommes prêtées et s'approprier les deniers. On trouve, il est vrai, dans le prêt en rentes perpétuelles l'aliénation d'un capital qui pourra n'être jamais remboursé au prêteur. C'est la condition ordinaire des emprunts d'États. Mais il importe de remarquer qu'en pareil cas le remboursement ou le non-remboursement du capital est laissé à la volonté de l'emprunteur, tandis qu'en matière de cautionnement il ne dépendrait pas de l'État de conserver le cautionnement si le comptable, quand il sort de charge, est quitte envers lui. D'ailleurs, dans les cas exceptionnels et limitativement prévus où le Trésor a le droit de se l'approprier, il cesse d'en payer les intérêts; un emprunteur au contraire qui, dans l'espèce, ne rembourse pas sa dette, est indéfiniment tenu d'en payer les intérêts.

Le cautionnement se rapproche surtout du *gage;* comme lui il sert de garantie à une obligation principale dont il n'est que l'accessoire ; il consiste comme lui dans la remise matérielle d'une valeur entre les mains du créancier, valeur qui servira à désintéresser le créancier si le débiteur ne remplit pas envers lui ses obligations. Dans les deux cas, le créancier exerce sur la chose un droit de rétention et un privilége destinés à assurer l'exécution des engagements contractés. Enfin, dans l'un comme dans l'autre contrat, le créancier qui détient le gage en doit les intérêts au débiteur. Ce serait donc au contrat de gage qu'il faudrait assimiler le cautionnement si l'on tenait à le faire rentrer dans l'un des contrats *nommés* au Code civil. Il y aurait toutefois encore une différence importante à signaler entre eux : en droit commun, l'acte qui constate le gage doit mentionner exactement le montant de la créance; le but de la loi est facile à saisir; elle veut empêcher que le créancier gagiste ne soit tenté d'exagérer après coup le chiffre de son droit aux dépens d'autres créanciers avec lesquels il serait en concours. Une pareille mention ne peut être imposée à l'État, sa créance est indéterminée, on ne sait même pas si elle existera jamais, puisqu'il suffit que le comptable se maintienne en règle avec le Trésor pour qu'il n'y ait aucun droit à exercer contre lui; c'est une créance éventuelle, le montant n'en peut être fixé.

— Parmi les cautionnements de diverses natures qui sont versés au Trésor, les uns sont fournis en numéraire, les autres en rentes sur l'État, quelques-uns en immeubles. En ce qui concerne les cautionnements fournis par les comptables des deniers publics, les seuls qui doivent nous occuper ici, la règle est posée par l'article 97 de la loi de finances du 28 avril 1816; les comptables des deniers publics doivent fournir leurs cautionnements en numéraire pour la totalité. Il n'en a pas toujours été ainsi. Anciennement, les cautionnements des fonctionnaires étaient fournis en immeubles; ils ne procuraient par là aucun fonds à l'État; ils présentaient en outre, en cas de malversation, l'inconvénient d'une réalisation difficile et souvent litigieuse. C'est par un arrêt du Conseil, du 17 février 1779, qu'on voit pour la première fois les comptables des deniers publics astreints au dépôt d'une somme d'argent; l'arrêt se fonde sur les grands besoins d'argent qu'on éprouvait à ce moment.

Deux raisons ont déterminé le législateur de 1816 à substituer les cautionnements en numéraire à ceux en immeubles ou en rentes : la première s'explique par l'état difficile de nos finances à cette époque. Le Gouvernement avait besoin d'argent pour faire face aux dépenses énormes de deux invasions et liquider les dettes arriérées de l'Empire. Il se créa des ressources précieuses, d'une part, en augmentant le chiffre des cautionnements et en exigeant le versement de ces suppléments en numéraire ; d'autre part, en posant le principe des cautionnements en numéraire pour l'avenir, ce qui devait procurer annuellement au Trésor une somme considérable qu'il pourrait employer à des besoins urgents sans craindre les demandes multipliées de remboursement, puisque le cautionnement n'est remboursable que longtemps après la cessation des fonctions du titulaire, et qu'avant ce remboursement le successeur à l'emploi a toujours versé un nouveau cautionnement égal à celui que le Trésor doit restituer.

La seconde raison, la principale au point de vue de l'intérêt permanent de l'État, c'est qu'un cautionnement en espèces est une garantie à la fois plus sûre et plus facilement disponible que le cautionnement qui serait fourni en immeubles ; la valeur des biens immeubles est toujours incertaine, elle varie suivant les temps ; d'ailleurs le cautionnement donné en immeubles n'attribue à l'État qu'un droit hypothécaire, droit qu'il ne peut exercer qu'en se conformant aux lois civiles, et en restant exposé aux contestations des créanciers ordinaires ou privilégiés, des tiers détenteurs, des anciens propriétaires, enfin de toutes les personnes qui peuvent avoir à faire valoir des droits sur l'immeuble.

Le principe posé par la loi de 1816, et qui impose aux comptables l'obligation de verser leur cautionnement en numéraire, comporte plusieurs exceptions en vertu des lois et des règlements spéciaux.

C'est ainsi que les cautionnements des receveurs spéciaux d'établissements de bienfaisance peuvent être fournis en immeubles ou en rentes sur l'État. Ils ont même la faculté de le fournir partie en immeubles et partie en rentes[1].

De même, une ordonnance du 8 décembre 1832 donne au chef-agent-comptable du grand-livre de la dette publique, et au chef-agent-comptable des mutations et transferts, le choix de verser le cautionnement qu'elle leur impose, soit en numéraire, soit en rentes sur l'État. On peut regretter que cette dérogation à la règle posée par la loi de 1816 ait été établie par ordonnance, les principes constitutionnels s'opposant à ce qu'une ordonnance puisse déroger à la loi ou empêcher son exécution.

En vertu d'une ordonnance du 22 mai 1825, dont la publication n'a été faite qu'en 1835, tous les comptables qui sont justiciables de la Cour des comptes peuvent, quand ils cessent leurs fonctions et avant l'apurement définitif de leur comptabilité, obtenir le remboursement des deux tiers du cautionnement par eux fourni en numéraire, lorsqu'il est constaté par le ministre des finances qu'il n'y a aucun débet à leur charge.

1. Nos 1226 et 1231 de l'Instr. gén. de 1859.

L'ordonnance ajoute : « Le surplus du cautionnement pourra aussi être immédiatement remboursé s'il est fourni, en remplacement de cette dernière partie, un cautionnement équivalent en *immeubles* ou en *rentes* sur l'État ».

Le cautionnement en rentes, s'il ne présente pas, au point de vue de l'intérêt du Trésor, une supériorité sensible sur le cautionnement en espèces, fournit du moins pour les comptables qui entrent en fonctions cet avantage considérable, qu'il ne les oblige pas à vendre, souvent à des cours peu avantageux, les valeurs dont ils peuvent être porteurs, pour réaliser l'argent nécessaire au cautionnement ; il leur permet aussi de trouver plus facilement du crédit auprès des porteurs de rentes qui peuvent être disposés à leur avancer des fonds, mais qui le seraient moins, peut-être, s'il leur fallait pour cela vendre leurs titres afin de les convertir en espèces.

— Quels sont les droits de l'Etat et des autres créanciers du titulaire sur les biens qui constituent le cautionnement ? Il résulte d'une loi du 6 ventôse an XIII, combinée avec une loi précédente du 25 nivôse de la même année, que les cautionnements des comptables sont affectés *par premier privilége* à la garantie des condamnations prononcées contre eux par suite de l'exercice de leurs fonctions, *par second privilége* au remboursement des fonds qui leur auraient été prêtés pour tout ou partie de leurs cautionnements ; enfin, et subsidiairement, au payement dans l'ordre ordinaire des créances particulières qui seraient exigibles sur eux.

Ainsi l'État, à raison des créances résultant pour lui des abus et prévarications commis par le comptable dans l'exercice de ses fonctions, a un privilége de *premier ordre* sur le cautionnement. Le fait nécessaire pour donner ouverture au privilége de premier ordre a été désigné par le mot de *fait de charge*. Il n'y a *fait de charge* qu'autant que le fait préjudiciable a été commis dans l'exercice des fonctions du titulaire et qu'il résulte d'un acte obligé du comptable.

L'État n'est pas le seul créancier qui puisse avoir à exercer sur le cautionnement un privilége de premier ordre. Il peut se trouver en concours dans l'exercice au premier rang de son privilége avec d'autres créanciers aussi favorables que lui. En effet, les cautionnements des comptables, qui servent avant tout à garantir les droits du Trésor, ne sont cependant pas institués dans l'intérêt exclusif de l'État. Le privilége du Trésor n'est donc pas incompatible avec celui que des particuliers pourraient avoir à exercer pour faits de charge commis par les comptables dans l'exercice de leurs fonctions. Leur droit résulte clairement : 1° du numéro 7 de l'article 2102 du Code civil qui ne fait aucune distinction entre « les créances résultant d'abus et de prévarications commis par les fonctionnaires publics dans l'exercice de leurs fonctions ; » 2º de la loi du 6 ventôse an XIII qui, en déclarant applicables les premiers articles de la loi du 25 nivôse précédent, affecte d'une façon générale les cautionnements à « la garantie des condamnations qui pourraient être prononcées contre eux par suite de l'exercice de leurs fonctions » sans distinguer si ces condamnations seront prononcées au profit de l'État ou au profit de simples particuliers lésés.

Il faut donc tenir pour certain que si un comptable se rendait coupable de faits de charge au préjudice d'un particulier, ce dernier aurait un privilége de premier ordre à exercer sur le cautionnement du titulaire. D'ailleurs, comme les lois qui ont établi ce privilége n'ont pas réglé le rang des créanciers pour faits de charge, on doit conclure, conformément à la règle posée par l'article 2097 du Code civil, que tous les créanciers pour faits de charge doivent être payés sur le cautionnement par concurrence, sans que l'État puisse exercer son privilége de préférence aux autres créanciers de la même catégorie.

Il faut seulement remarquer que la loi du 5 septembre 1807, art. 2, accorde au Trésor, indépendamment du privilége de premier ordre qui nous occupe ici, un privilége *général* sur tous les meubles des comptables. En combinant les dispositions de cette loi avec le privilége spécial du Trésor sur les fonds affectés au cautionnement, on voit qu'il est dans une condition bien plus favorable que les particuliers lorsqu'il existe des faits de charge contre le comptable et que le cautionnement se trouve insuffisant pour acquitter toutes les créances résultant des abus et prévarications commis dans la gestion. En effet, dans ce cas, les particuliers n'ont de privilége que sur le cautionnement. S'il est insuffisant, une distribution au marc le franc s'établit entre tous les créanciers pour faits de charge, y compris le Trésor public. Mais, tandis que les créanciers particuliers du comptable n'ont qu'un recours ordinaire sur ses autres biens, le Trésor peut encore se prévaloir du privilége général de la loi de 1807 et primer, par conséquent, tous les autres créanciers tant qu'il lui est dû quelque chose pour faits de gestion.

— C'est au moyen d'une *décision ministérielle* que le Trésor réalise, en cas de débet du comptable, les fonds ou les valeurs affectées au cautionnement. Le titulaire, nous le savons, est resté jusque-là propriétaire de ces valeurs puisqu'elles ne constituent qu'un gage entre les mains de l'État. Mais, le jour où le comptable se trouve constitué débiteur du Trésor à raison de prévarications par lui commises, une sorte de compensation s'opère instantanément entre les sommes par lui dues au Trésor et celles dont il est créancier à raison du cautionnement. L'État se trouve, de cette façon, désintéressé.

— A côté du privilége des créanciers pour faits

de charge, un privilége de *second ordre* a été accordé à celui qui a prêté des fonds au comptable pour son cautionnement. C'est là une application d'une idée de droit commun qu'on trouve déjà dans la législation romaine ; celui qui a prêté des fonds pour construire ou réparer une maison doit avoir un privilége sur cette maison.

En 1840 on tenta d'abolir ce privilége et le projet de loi portant règlement définitif du budget de cette année en proposait formellement la suppression, ne laissant au bailleur de fonds que les droits qui appartiennent aux créanciers ordinaires. On se fondait principalement sur l'affaiblissement, par la substitution de prêteurs particuliers, des garanties de la solvabilité personnelle des titulaires d'emploi. Cette proposition fut rejetée. On considéra avec raison que supprimer le privilége de second ordre, c'eût été concentrer, parmi les propriétaires de capitaux, l'exercice d'un grand nombre de fonctions publiques, en élevant une barrière presque insurmontable pour les hommes qui seraient doués de capacités et de connaissances, mais que la fortune n'aurait pas favorisés[1]. D'ailleurs il faut considérer qu'un employé qui peut se procurer un cautionnement par voie d'emprunt offre autant et même plus de garanties que celui qui possède de lui-même les capitaux. Il a fallu que le premier, par

---

1. V. *Moniteur* du 15 mai 1842.

sa conduite et son mérite, obtint un crédit qui eût été peut-être refusé au second, malgré sa situation plus fortunée.

Toutefois un décret du 16 septembre 1867 apporta un tempérament à la législation antérieure. Il exige dans son article 3 que la moitié du cautionnement appartienne en propre au comptable; dès lors, le privilége en second ordre du bailleur de fonds ne porte plus que sur le supplément qu'il a pu fournir.

L'effet du privilége de second ordre est d'assurer au bailleur de fonds la préférence pour le remboursement des sommes par lui prétées au titulaire, sur tous les créanciers autres que ceux pour faits de charge.

Les lois de nivôse et de ventôse an XIII qui instituent ce privilége ne s'appliquent qu'aux cautionnements fournis en numéraire; mais il est évident qu'il faudrait en étendre l'application aux cautionnements fournis en rentes par un tiers; en effet la rente étant meuble, rien ne s'oppose à ce que le propriétaire de l'inscription en fasse opérer le transfert au nom du comptable, en réservant son privilége de second ordre. C'est répondre à l'esprit des lois de l'an XIII que de décider ainsi.

Mais il est évident qu'il ne saurait être question du privilége de second ordre lorsqu'il s'agit d'un immeuble qu'un tiers aurait affecté au cautionnement d'un comptable. Le tiers, en effet, restant propriétaire de l'immeuble, ne peut pas avoir de privilége sur son propre bien ; il n'a fait autre chose que de consentir à démembrer ce droit de propriété au profit de l'État et des autres créanciers pour faits de charge. Dans le cas où le cautionnement est fourni en rentes ou en numéraire, le privilége du bailleur s'explique naturellement par ce fait qu'il a aliéné, par le prêt qu'il a fait, les fonds ou les valeurs fournis au comptable', il n'est plus que le créancier des sommes fournies ; les principes du droit civil ne s'opposaient pas à ce que sa créance fût garantie par privilége.

C'est seulement après le payement des créanciers privilégiés au premier rang pour faits de charge et le remboursement des fonds prêtés avec privilége de second ordre que les créanciers ordinaires du titulaire peuvent faire valoir leurs droits sur le cautionnement.

— Les cautionnements des comptables des deniers publics que nous avons étudiés jusqu'ici doivent être distingués avec soin de ceux qui sont fournis par les officiers publics, tels que notaires, avoués, etc. Ce n'est pas que les règles qui s'appliquent aux uns et aux autres soient sensiblement différentes, mais ce qui les distingue, c'est que les cautionnements fournis par les comptables sont institués surtout dans l'intérêt de l'État. Au contraire les cautionnements des greffiers, notaires, avoués, etc., ne sont déposés entre les mains

_____

1. V. art. 1803, C. civil.

de l'État que pour répondre des faits de ces officiers envers les particuliers qui sont obligés de recourir à leur ministère et de suivre leur foi. M. Troplong dans son Traité des priviléges a fait ressortir avec soin la différence qui existe entre ces deux natures de cautionnements.

Cependant le Trésor ou le Gouvernement aurait privilége sur ces cautionnements s'il s'était servi, comme partie privée, du ministère des officiers publics qui les ont déposés.

— Il ne faut pas confondre non plus les cautionnements des comptables avec ceux des fournisseurs, entrepreneurs et concessionnaires de travaux publics. Ceux-ci ont été institués, il est vrai, dans l'intérêt exclusif de l'État; seulement ils garantissent, non plus le maniement des deniers publics, mais la fidèle exécution des conventions intervenues entre les traitants et l'État.

§ 2. — Droits du Trésor sur les biens des comptables.

Ce n'était pas assez du cautionnement pour garantir les droits si importants du Trésor; à une époque où l'ordre et la régularité dans l'administration des finances publiques n'étaient pas encore organisés comme ils le sont aujourd'hui, on a cru devoir étendre, autant qu'on le pourrait, les sûretés de l'État sur les biens des comptables. La loi du 5 septembre 1807 et le paragraphe 3 de l'article 2121 du Code civil ont étendu ces sûretés.

Il résulte de leur combinaison que le Trésor a sur les biens des comptables deux garanties distinctes : un *privilége* et une *hypothèque*.

La première question qui se pose, à propos du privilége créé par la loi du 5 septembre 1807, est celle de savoir s'il concerne tous les comptables de l'État, ou s'il ne concerne que les comptables énumérés dans l'article 7, c'est-à-dire les receveurs généraux et particuliers des finances.

Le doute ne sera guère possible si l'on considère que l'énumération de l'article 7 est faite uniquement en vue de prescrire les mesures à prendre pour assurer l'exercice du privilége ; elle n'est nullement exclusive et ne peut avoir, par conséquent, pour effet d'exonérer tous les autres comptables qui, ayant un maniement de deniers publics, se trouvent par cela seul dans les conditions d'où dérive le privilége établi par la loi en faveur du Trésor.

Il n'y aurait pas non plus à distinguer entre les comptables qui sont justiciables de la Cour des comptes et ceux qui n'y sont pas directement soumis. Cette doctrine, il est vrai, a été contestée par un certain nombre d'auteurs[1]. Mais elle a été consacrée par la Cour de cassation qui a décidé notamment qu'un agent comptable de bâtiments

1. MM. Troplong et Tarrible.

civils en Algérie, qui a en maniement les deniers du Trésor, est un comptable dans le sens des dispositions de l'article qui nous occupe, bien qu'il ne figure pas parmi les comptables désignés dans l'article 7 de la loi de 1807, et qu'il ne soit pas soumis à la Cour des comptes [1].

— Le *privilége* atteint d'une façon générale tous les biens meubles du comptable; il atteint même les meubles appartenant à la femme séparée de biens s'il les trouve dans les maisons d'habitation du mari, ce qu'il faut entendre en ce sens, que tous les meubles trouvés dans les maisons du mari sont censés lui appartenir, et que c'est à sa femme séparée de biens qui en réclamerait la propriété à faire la preuve qu'elle les a acquis de ses deniers ou qu'ils lui sont échus de son chef [2].

Il n'est pas nécessaire toutefois que la femme soit séparée de biens pour être admise à prouver sa propriété. Si la loi n'a parlé que de la femme séparée, c'est qu'il sera infiniment plus difficile à la femme non séparée de faire la preuve de son droit sur des meubles qui se trouvent confondus avec ceux du mari; mais elle n'a pas entendu l'exclure, et il est clair qu'elle pourra toujours tenter de faire cette preuve.

Le privilége du Trésor s'étend également sur

1. 5 mars 1855, aff. veuve Roman.
2. Art. 2, l. 5 sept. 1807.

les immeubles du comptable, mais non pas d'une façon générale comme sur les meubles. Il est limité 1° aux immeubles acquis *à titre onéreux* par les comptables postérieurement à leur nomination ; 2° aux immeubles acquis au même titre, et depuis cette nomination par leur femme, même séparée de biens[1].

La loi se fonde ici sur cette présomption que les immeubles acquis l'ont été avec les deniers de l'État. Il est naturel que le Trésor, qui a mis ou qui est censé avoir mis de cette façon l'immeuble dans le patrimoine du comptable, jouisse, pour le recouvrement de ses droits, d'un privilége sur cet immeuble. C'est vainement que le comptable s'offrirait à prouver que l'immeuble a été acquis avec ses propres deniers; la présomption de la loi est invincible, et n'admet pas de preuve contraire.

Ainsi, le privilége porte seulement sur les immeubles acquis depuis la nomination du comptable; les acquisitions antérieures ne peuvent pas avoir été faites avec les fonds de l'État. Le privilége du Trésor ne s'étend donc pas à l'immeuble que le comptable aurait payé après sa nomination, si, en fait, il l'avait acquis avant d'être nommé, car d'une part, la vente est parfaite entre les parties dès qu'on est convenu de la chose et du prix, et la propriété est acquise quoique le prix n'ait

---

1. Art. 4, L. 8 sept. 1807.

pas été payé[1], et, d'autre part, la présomption de la loi ne saurait s'élever avec la même force contre celui qui, ayant acquis avant d'être comptable, peut-être avant de savoir qu'il le deviendrait, a dû compter sur ses propres ressources pour solder le prix de son acquisition. Au contraire, d'après l'opinion à peu près unanime, le privilége du Trésor grèverait l'immeuble, si l'acquisition même se plaçait entre la nomination du comptable et son entrée en fonctions. Le texte même de l'article 4 de la loi de 1807 ne peut laisser aucun doute à cet égard.

Le privilége ne pèse pas sur l'immeuble acquis à titre gratuit ou provenant d'un échange fait sans soulte à la charge du comptable. La présomption de la loi n'existe plus ici. Au contraire, il pèsera sur l'immeuble qui proviendrait d'une libéralité avec charges, si les charges sont telles qu'elles puissent être considérées comme constitutives d'un prix.

La femme du comptable, même séparée de biens, est considérée comme personne interposée; la loi suppose que l'acquisition faite en apparence par elle est en réalité pour son mari. Mais ici la présomption de la loi n'est pas tellement énergique qu'elle ne puisse pas admettre la preuve contraire. La femme pourra donc justifier que les deniers employés à l'acquisition lui appartenaient

______
1. Art. 1583, C. civil.

Les enfants et autres descendants des comptables peuvent-ils être, comme la femme, présumés personnes interposées, et le privilége s'étendrait-il aux immeubles par eux acquis à titre onéreux depuis la nomination de leur ascendant? La négative semble hors de doute; il est de principe que les priviléges, malgré les analogies les plus complètes, ne s'étendent pas d'un cas à un autre, et qu'il faut un texte formel pour les créer. Ce texte n'existe pas; les termes limitatifs de la loi excluent même l'idée d'une pareille extension. Toutefois la jurisprudence a décidé[1] que si la preuve était faite que les fonds destinés au payement ont été fournis par le père, il faudrait bien que la loi eût son effet; le Trésor pourrait se prévaloir de son privilége sur les immeubles ainsi acquis. Il faudrait, suivant nous, étendre cette décision à tous les cas où l'acquéreur n'a été que le prête-nom du comptable. Seulement on peut remarquer que dans ce cas la présomption est pour l'acquéreur; ce sera au Trésor à prouver la fraude et l'interposition de personnes.

— Enfin, l'article 2121 du Code civil accorde à l'Etat, dans son paragraphe troisième, une *hypothèque légale* sur tous les biens des receveurs et administrateurs comptables, et l'article 6 de la loi du 5 septembre 1807, qui complète cette disposition, donne la mesure de l'hypothèque : elle

1. Limoges, arr. 22 juin 1808.

s'applique seulement aux immeubles du comptable que le privilége n'atteint pas, c'est-à-dire aux immeubles qui leur appartenaient avant leur nomination, et à ceux acquis postérieurement à leur nomination, autrement qu'à titre onéreux. Ainsi il y a une différence entre l'hypothèque légale qui frappe les biens du comptable et celle que le même article 2121 institue sur les biens du mari ou du tuteur au profit de la femme mariée et du mineur : tous les immeubles à venir du tuteur ou du mari, sans distinction, seront frappés d'une hypothèque légale au fur et à mesure de leur acquisition ; les immeubles à venir du comptable seront atteints par privilége si l'acquisition a été faite à titre onéreux, l'hypothèque demeurant réservée pour les immeubles acquis à un tout autre titre.

— Lorsque le Trésor se trouvera en concours sur les biens du comptable avec d'autres créanciers, voici comment l'on procèdera :

Son privilége s'exercera d'abord sur les *meubles* du comptable. Dans ce cas il ne prendra rang qu'après les priviléges généraux et particuliers sur les meubles énoncés aux articles 2101 et 2102 du Code civil[1]. On comprend que le Trésor, qui a déjà entre les mains un cautionnement pour s'indemniser des malversations du comptable soit ici sacrifié à des intérêts aussi puissants que le sien.

1. Art. 2, L. 8 sept. 1807.

A défaut de mobilier ou lorsque le mobilier a été absorbé par les créanciers dont nous venons de parler, l'État exercera son privilége sur les immeubles, mais sur ceux-là seulement auxquels il a été limité; dans cet ordre il ne prendra rang qu'après tous les autres créanciers auxquels le Code civil accorde privilége sur les immeubles de leur débiteur, et, en outre, après les créanciers du précédent propriétaire qui auraient, sur le bien acquis, des hypothèques légales indépendamment de l'inscription ou toute autre hypothèque valablement inscrite[1]. Nous retrouvons ici le principe que les priviléges du Trésor ne sauraient préjudicier aux droits antérieurement acquis à des tiers.

L'État d'ailleurs, pour exercer son privilége, doit se soumettre aux obligations qui lui sont imposées par les articles 2106 et 2113 du Code civil, c'est-à-dire qu'il doit le faire inscrire dans le délai prescrit sous peine de voir ce privilége dégénérer en simple hypothèque qui ne prendrait rang que du jour de son inscription. L'inscription doit être prise dans les deux mois qui suivent l'enregistrement de l'acte translatif de propriété.

Il en faut dire autant de l'hypothèque légale qui atteint les biens du comptable non frappés de privilége; elle doit être inscrite. C'est là une différence avec les autres hypothèques légales instituées

1. Art. 5, L. 8 sept. 1807.

par le Code civil, qui se conservent indépendamment de toute inscription. Cette différence s'explique par cette considération que le mineur, l'interdit ou la femme mariée étant en fait incapables de faire des actes conservatoires de leurs droits, cette inscription n'eût jamais été prise, et on les eût rendus victimes d'une négligence qui ne leur est nullement imputable. Si le fisc est régi d'après le droit commun, c'est que l'administration tient à sa disposition une foule de moyens pour prendre ses sûretés; elle a des agents nombreux qu'elle peut charger de prendre inscription.

A ce sujet, une question importante se pose : l'inscription prise fait-elle remonter l'effet de l'hypothèque légale à la nomination du comptable, pour ceux des biens qu'il possédait avant sa nomination ? et, pour ceux qui lui sont advenus depuis, cet effet remonte-t-il au jour où le comptable en est devenu propriétaire, quelle que soit d'ailleurs l'époque où le comptable ait été constitué débiteur envers l'État? ou bien, dans tous les cas, l'hypothèque légale du Trésor ne produit-elle son effet ou n'a-t-elle de rang vis-à-vis des tiers que du jour où elle a été inscrite? On sait ce qui se passe pour l'hypothèque légale du tuteur et du mari, à raison de leurs obligations envers le mineur ou la femme[1]. Elle remonte, pour le premier,

---

1. Art. 2135, C. civil.

invariablement au jour de l'acceptation de la tu-
telle. Pour le second, elle n'a pas un point de
départ unique ; son rang se détermine par la date
des différents événements qui peuvent donner lieu
aux obligations du mari : ainsi elle produit son
effet sur les immeubles du mari à compter du jour
du mariage « pour raison de la dot et des conventions matrimoniales » ; à compter de l'ouverture des successions échues ou des donations ac-
complies, pour les sommes provenant de ces ori-
gines, et seulement à compter du jour de l'obligation ou de la vente pour l'indemnité des dettes
que la femme a contractées avec son mari, ou
pour le remploi de ses propres aliénés.

Ne pourrait-on pas décider de même dans notre
espèce, et adopter soit le système qui assignerait
une date unique à l'hypothèque, celle de l'entrée
en fonctions du comptable, soit le système qui en
déterminerait le rang par la date des abus, malversations et débets constatés à la charge du comptable ? Ce raisonnement ne serait pas exact, et
l'analogie qu'on invoquerait manquerait ici de
justesse. Si l'article 2135 assigne un rang tout
spécial aux hypothèques de la femme et du mineur, c'est qu'en les dispensant de toute inscription elle ne pouvait faire autrement que d'en déterminer le rang d'après la date des actes qui les
avaient faire naître. Au contraire, en soumettant
l'hypothèque légale qui frappe les biens des comptables à la formalité de l'inscription, elle l'a assi-

milée soûs ce rapport à l'hypothèque judiciaire et conventionnelle. L'article 2134 du Code civil veut qu'entre créanciers les hypothèques n'aient de rang que du jour de leur inscription, sauf les exceptions qu'il détermine ; or, ces exceptions n'ont trait qu'à l'hypothèque légale de la femme mariée sur les biens du mari, et à celle du mineur ou de l'interdit sur ceux du tuteur. On n'en voit figurer aucune en faveur du Trésor public; il en faut donc conclure que l'hypothèque du Trésor n'a de rang contre ces tiers qu'à dater de son inscription sur les registres du conservateur.

— Aux termes des articles 2159 et 2161 du Code civil, les demandes en radiation ou réduction d'hypothèques sont portées devant les tribunaux civils. En ce qui concerne les biens des comptables, les articles 419 et 421 du décret réglementaire du 31 mai 1862 sur la comptabilité publique ont modifié, au point de vue de la compétence, la législation jusque-là en vigueur. Lorsque les comptables ont cessé leurs fonctions et qu'ils sont quittes ou en avance vis-à-vis du Trésor, c'est la Cour des comptes qui est chargée d'ordonner la radiation des inscriptions hypothécaires prises sur leurs biens, à raison de la gestion dont le compte est jugé. C'est également la Cour des comptes qui prononce sur les demandes en réduction et translation d'hypothèques formées par des comptables encore en exercice dont les comptes ne sont pas définitivement apurés, en

exigeant les sûretés suffisantes pour la conservation des droits du Trésor[1].

La radiation peut aussi être opérée en vertu d'une
décision du ministre des finances, sur une mainlevée
par acte notarié, signée de l'agent judiciaire du Trésor, relatant la date de la décision du ministre, ou
sur un arrêté du préfet, relatant la date de l'autorisation à lui donnée par le ministre à cet effet[2].

§ 3. — *Droits du Trésor sur la personne des comptables.*

Finalement, et pour terminer cette étude des
garanties instituées au profit de l'État contre ses
débiteurs, il importe de signaler les dispositions
de la loi du 17 avril 1832 qui soumettait à la contrainte par corps pour le recouvrement des reliquats de leur compte : « 1° les comptables de
deniers publics ou d'effets mobiliers et leurs cau-
tions; 2° leurs agents ou préposés qui ont person-
nellement géré ou fait la recette; 3° toutes personnes qui ont perçu des deniers publics dont
elles n'ont point effectué le versement ou l'emploi,
ou qui, ayant reçu des effets mobiliers appartenant
à l'État, ne les représentent pas ou ne justifient
pas de l'emploi qui leur avait été prescrit. »

Cette disposition est abrogée par l'article 1er de

1. Art. 421, D. 31 mai 1862.
2. Instr. ministérielle, 6 juillet 1833, art. 55.

la loi du 22 juillet 1867 ainsi conçu : « La contrainte par corps est supprimée en matière commerciale, civile et contre les étrangers ». Cet article, il est vrai, ne désigne pas formellement les dettes résultant du maniement des deniers publics ; mais la loi de 1832 qui est visée par celle de 1867, comprenait les obligations des comptables à raison de leur gestion sous le titre des obligations *civiles ;* la loi de 1867, en supprimant la contrainte par corps en matière *civile,* entend donc également viser les dettes dont nous nous occupons. L'État ici est considéré comme un créancier ordinaire et le comptable comme engagé civilement envers lui [1].

Mais si le comptable reliquataire de deniers publics était poursuivi et condamné comme coupable d'un crime ou d'un délit dans l'exercice de ses fonctions, les condamnations aux amendes, restitutions et dommages-intérêts prononcés contre lui au profit de l'État, pourraient être ramenés à exécution par la contraite par corps, maintenue en matière criminelle, correctionnelle et de simple police, par les articles 2 et suiv. de la loi du 22 juillet 1867, relative à la contrainte par corps.

---

1. Opinion généralement admise au ministère des finances.

CHAPITRE QUATRIÈME.

RÈGLES PARTICULIÈRES AUX ACTIONS DU TRÉSOR CONTRE SES DÉBITEURS.

1° Le Trésor a, pour intenter ses actions et pour répondre à celles qui peuvent être dirigées contre lui, un agent spécial qui porte le nom *d'agent judiciaire du Trésor.*

Avant la Révolution de 1789, il existait dans la hiérarchie de l'administration financière deux fonctionnaires qui avaient pour mission d'opérer le recouvrement de tous les débets des comptables et de rechercher les sommes dues au Trésor par tous ses débiteurs. L'un avait le titre de *contrôleur des restes,* et l'autre celui de *contrôleur des bons d'État.*

Leurs offices furent supprimés par un décret des 21 juillet-15 août 1790. Mais on comprit bientôt combien il serait difficile que le ministre des finances, chargé de représenter les droits du Trésor, pût suivre attentivement par lui-même tous les recouvrements et toutes les contestations qui sont la conséquence soit de la gestion des comptables ressortissant à ce ministère, soit des

droits divers dont l'exercice doit avoir pour ré-
sultat la rentrée d'une somme d'argent dans les
caisses publiques. De là la nécessité de rétablir à
côté du ministre un assesseur chargé d'une mission analogue à celle qui avait été dévolue avant
1789 aux contrôleurs des restes et des bons
d'État.

Les fonctions de l'agent du Trésor ont été déterminées par le décret des 27-31 août 1791 encore en vigueur. Quelques lois spéciales lui ont,
il est vrai, conféré un certain nombre d'attributions dont ne parlait pas le décret de 1791; mais
la plupart de ces attributions n'ont eu qu'un caractère transitoire; elles ont subi les vicissitudes
de la législation postérieure et des changements
opérés dans l'administration. Le caractère fondamental de l'agent judiciaire du Trésor ressort donc
du décret de 1791.

On définit l'agent du Trésor : « un employé supérieur du ministère des finances chargé de poursuivre devant tous les juges et tribunaux le recouvrement des créances actives du Trésor public,
ainsi que les comptables en débet, et de représenter
le Trésor public dans ses actions actives et passi-
ves[1] ». Ainsi l'agent judiciaire est avant tout un
mandataire; il n'agit que sous la responsabilité
du ministre; celui-ci conserve de son côté la plus
grande latitude d'action. Ne devant subordonner

---

1. Block : *Dictionn. administratif.*

ses décisions, aux termes du décret, qu'à l'intérêt de l'État, il peut valablement, ou se désister d'une instance introduite au nom du Trésor, ou adhérer à un jugement, enfin engager l'État par suite des instances introduites pour ou contre ce dernier. C'est donc, en définitive, le ministre qui décide; l'agent judiciaire n'est que son délégué. Toutefois nous pensons que ce dernier pourrait, sans autorisation préalable, faire tous les actes conservatoires qu'il jugerait convenables et qui n'engageraient au fond aucun des droits de l'État, sauf à en référer au ministre.

Mais l'agent du Trésor ne saurait se passer de l'autorisation ministérielle pour tous les actes qui n'auraient pas un caractère purement conservatoire. S'il s'agissait de transiger, comme la transaction implique une certaine aliénation de droits, l'agent judiciaire, aux termes de l'article 5 du décret de 1791, pourrait y être autorisé par le ministre des finances; mais la transaction n'aurait d'effet légal qu'après l'approbation du pouvoir législatif. Toutefois cette dernière formalité n'a jamais été mise à exécution, et la disposition de la loi à cet égard paraît tombée en désuétude. On sait, du reste, que certaines administrations, dépendant du département des finances, ont reçu de la loi le pouvoir de transiger sans approbation de l'autorité supérieure ; ce sont les administrations des douanes, des contributions indirectes, des postes et des forêts.

Le ministre ne pourrait pas autoriser l'agent du Trésor à renoncer à la prescription acquise, car il n'a pas le droit d'aliénation ; cette renonciation équivaut en effet à une aliénation [1].

Il ne pourrait, par la même raison, relever les créanciers de l'État des déchéances ou péremptions qu'ils auraient encourues.

2° C'est une règle fondamentale de notre droit que l'État ou le Trésor n'est jamais dans la nécessité de recourir aux tribunaux pour se procurer un titre exécutoire et hypothécaire contre ses débiteurs. Il a des agents qui lui procurent sans frais des actes appelés *contraintes*, qui produisent les mêmes effets que les jugements. Ces contraintes sont décernées dans les différentes régies financières par les receveurs (receveurs des contributions indirectes, receveurs des douanes, receveurs de l'enregistrement, receveurs des postes) et rendues exécutoires par les juges de paix. En matière de contributions directes, elles sont décernées par les receveurs de finances et rendues exécutoires par le sous-préfet. En dehors de ces cas, elles sont décernées par le ministre des finances. Ce sont ces dernières que nous avons spécialement en vue [2].

Le privilége dont nous parlons, et qui a pour but d'épargner des frais frustratoires contre des

---

1. Art. 2222, C. civil.
2. L. 13 frim. an VIII ; arrêté du 18 ventôse an VIII.

débiteurs insolvables, est établi dans l'intérêt public, puisqu'il économise les deniers de l'Etat, c'est-à-dire ceux de la masse des citoyens qu'il représente. D'ailleurs, ce n'est point un privilége particulier au Trésor ; il appartient également aux départements, aux communes et aux établissements de bienfaisance, en un mot à toutes les personnes publiques[1].

Ainsi il y a cette différence entre l'Etat créancier et un créancier ordinaire, que ce dernier, eût-il entre les mains l'aveu même et la signature de son débiteur, devra, s'il n'est pas muni d'un acte notarié, engager un procès et obtenir un jugement pour forcer son débiteur à s'exécuter ; l'État, au contraire, est affranchi des formalités longues et coûteuses d'une procédure, au moyen des contraintes qu'il fait délivrer par ses agents.

Mais ce qu'il importe de remarquer, c'est que la contrainte laisse entière la question du fond. Si celui contre lequel elle est décernée prétend ne pas devoir, il peut toujours saisir la juridiction compétente, suivant la nature de la dette, du fond du droit.

Quant à l'effet des contraintes, et notamment au point de savoir si elles emportent hypothèque, la question ne pouvait pas faire de difficulté avant la loi du 11 brumaire an VII et le Code civil,

1. V. l. 10 août 1871 ; l. 18 juillet 1837, art. 63 ; l. 7 août 1881, art. 13.

puisque l'hypothèque résultait de tous les actes exécutoires, et spécialement de tous les actes d'administration. Les changements introduits par la loi de brumaire et le Code Napoléon ont fait naitre des doutes qui ont été soumis au Conseil d'État impérial. Il est résulté de ses avis que les contraintes ministérielles produisent les mêmes effets et obtiennent la même exécution que les jugements des tribunaux ordinaires. Ils emportent hypothèque de la même manière et aux mêmes conditions que les condamnations émanées de l'autorité judiciaire[1].

Malgré les avis du Conseil d'État, qui ont une portée très-générale, la Cour de cassation a jugé que les contraintes décernées par les receveurs de l'enregistrement n'emportaient pas hypothèque, par la raison que l'avis du 16 thermidor an XII « ne s'applique qu'aux contraintes que les administrateurs ont le droit de décerner en qualité de juges, et sans que ces actes puissent être l'objet d'aucun litige devant les tribunaux[2] ». Sans doute la Cour de cassation a voulu introduire une distinction entre les contraintes dont l'opposition est portée devant les tribunaux civils et celles dont l'opposition se porte devant les juridictions administratives. Cette dis-

---

1. Avis du C. d'Ét. des 16 th. an XII, 29 oct. 1811, 24 mars 1812.
2. Arr. 28 janv. 1828.

tinction paraît contredire l'avis du 29 octobre 1811, qui a particulièrement trait à l'administration des douanes.

Opposition est ouverte aux parties devant le Conseil d'État contre la contrainte décernée par le ministre des finances. Mais c'est un principe fondamental que les pouvoirs formés en matière administrative ne sont pas suspensifs.

Les poursuites exercées en vertu de la contrainte ont lieu à la requête de l'agent judiciaire du Trésor.

3° Les actions intentées par le Trésor public jouissent du bénéfice qui s'applique à toutes les actions intéressant l'État : elles sont dispensées du préliminaire de conciliation[1].

4° Conformément à l'article 83 du Code de procédure, elles doivent être communiquées au ministère public comme concernant l'État, lorsquelles sont portées devant les tribunaux civils.

5° Un autre avantage concédé à l'État par la loi du 11 fructidor an V, c'est de rendre exécutoires par provision les jugements intervenus sur les instances dans lesquelles l'agent du Trésor public aura été partie, soit en demandant, soit en défendant, sans obliger l'État à fournir caution si c'est lui qui réclame l'exécution; tandis que la partie serait tenue de fournir cette caution si c'était elle qui réclamât l'exécution. On retrouve ici une ap-

---

1. Act. 49, C. de procéd.

plication de la maxime bien connue : *Fiscus semper solvendo censetur.*

Dans ce qui précède nous avons supposé l'État créancier. Nous rappelons que, s'il est débiteur, le créancier, muni contre lui d'un titre exécutoire, ne peut jamais procéder par voie de saisie sur ses biens.

TABLE DES MATIÈRES.

PREMIÈRE PARTIE
DU TRÉSOR PUBLIC A ROME

SECONDE PARTIE
DU TRÉSOR PUBLIC EN FRANCE

PROLÉGOMÈNES.

DU TRÉSOR CONSIDÉRÉ COMME DÉBITEUR

CHAPITRE PREMIER

CHAPITRE DEUXIÈME

CHAPITRE TROISIÈME

CHAPITRE QUATRIÈME

DU TRÉSOR CONSIDÉRÉ COMME CRÉANCIER

CHAPITRE PREMIER

CHAPITRE DEUXIÈME

CHAPITRE TROISIÈME

CHAPITRE QUATRIÈME

FIN DE LA TABLE DES MATIÈRES.

16360. — Typographie Lahure, rue de Fleurus, 9, à Paris.

PARIS. — TYPOGRAPHIE LAHURE

Rue de Fleurus, 9